返乡农民工
创业培训扶持政策
绩效研究

Study on the Performance of
Returned-Peasants' Entrepreneurship
Training Policy

方鸣 著

社会科学文献出版社
SOCIAL SCIENCES ACADEMIC PRESS (CHINA)

　　本书为国家社会科学基金（教育学）一般项目"返乡农民工创业培训扶持政策实施绩效及其优化路径研究"（项目编号：BKA180234）的研究成果。

前　言

党的十九大报告提出实施乡村振兴战略。党的十九届五中全会强调要优先发展农业农村，全面推进乡村振兴，加快农业农村现代化。党的十九届六中全会进一步明确中国特色社会主义进入新时代，立足新发展阶段、贯彻新发展理念、构建新发展格局、推动高质量发展，全面深化改革开放，促进共同富裕。党的二十大报告强调全面推进乡村振兴。"坚持农业农村优先发展，坚持城乡融合发展，畅通城乡要素流动。加快建设农业强国，扎实推动乡村产业、人才、文化、生态、组织振兴。"[①] 乡村振兴是实现共同富裕的必由之路，乡村振兴的关键在于产业振兴，产业振兴需要多元化人才支撑。要打造一支强大的乡村振兴人才队伍，在乡村形成人才、土地、资金、产业汇聚的良性循环。2022 年，国务院印发的《"十四五"推进农业农村现代化规划》指出，"支持农民工、大中专毕业生、退役军人、科技人员和工商业主等返乡入乡创业"。现阶段我国经济发展面临的形势日益复杂严峻，鼓

[①] 习近平：《高举中国特色社会主义伟大旗帜　为全面建设社会主义现代化国家而团结奋斗——在中国共产党第二十次全国代表大会上的报告》，人民出版社，2022，第31页。

1

励和支持劳动力返乡创业，在推进农业农村现代化、增强经济韧性和缓解城市就业压力方面发挥了显著的推动作用和带动效应，是实现乡村振兴和推进共同富裕的重要举措。返乡创业不仅可以提高农民收入、解决农民就业问题，还能推动农村地区经济发展，是农民工减贫和缓解就业问题的有效途径。

中央和地方政府出台了一系列促进和扶持返乡农民工创业的政策，各省份也陆续出台了相关政策措施以推进返乡农民工创业培训工作。返乡农民工创业培训政策作为一项重要的创业就业扶持政策，旨在支持和鼓励农民工创业，拓宽增收渠道，激发创业带动就业，推动农民工多渠道创业就业，实施乡村振兴战略，促进农村三次产业的融合发展。通过不断完善相关制度、加大培训力度等措施支持返乡农民工创业，可以充分发挥返乡农民工在乡村振兴中的作用。那么，现行的返乡农民工创业培训扶持政策绩效如何？创业培训扶持政策能在多大程度上影响返乡农民工的创业行为和收入？返乡农民工创业培训扶持政策在实施过程中还存在哪些问题？基于此，科学评估返乡农民工创业培训扶持政策绩效，厘清影响政策绩效的关键因素，系统优化创业培训扶持政策措施，对于进一步推动返乡农民工创业、协调城乡和区域经济发展、落实乡村振兴战略都具有重要的理论价值和现实意义。

本书以返乡农民工创业培训扶持政策绩效为研究对象，通过构建返乡农民工创业培训扶持政策绩效评估分析框架，深入考察返乡农民工创业培训扶持政策绩效水平及其影响因素，进而优化设计返乡农民工创业培训工作推进机制和政策措施。全书主要研究内容包括以下四个方面。

　　首先，利用本课题组在全国返乡创业试点地区的调查数据，从政府工作完成度和政府工作满意度两个维度构建返乡农民工创业扶持政策绩效评价指标体系，同时结合全国返乡创业试点地区实地调研情况，运用模糊综合评价法对返乡农民工创业扶持政策绩效进行评价。研究发现：现阶段政府工作完成度的得分位于"一般"等级的偏上层次，政府工作满意度的得分位于"良好"等级的偏上层次，返乡农民工创业扶持政策绩效的总体得分位于"良好"等级的偏下层次。进一步对 9 个指标进行"重要度-绩效"分析，可得返乡创业农民工对"企业发展满意度"的绩效评价最高，绩效评价第二高的是"生产经营条件满意度"，对"资金扶持力度"的绩效评价最低，其中"创业扶持政策宣传力度"和"资金扶持力度"位于高重要度-低绩效区，亟须改进。

　　其次，基于 2019 年全国返乡创业企业的调查数据，采用 DID 和 PSM-DID 方法实证检验了返乡农民工创业培训扶持政策的效应，并引入政策获取作为中介变量，探讨了创业培训对返乡农民工创业绩效的作用机制。研究发现，创业培训可以显著提升返乡农民工创业绩效。中介效应检验表明，返乡农民工参与创业培训提高了政策获取能力，从而提升了创业绩效。异质性检验发现，较之于中西部，东部地区的扶持政策效果更好。从行业相关度来看，创业前后从事行业相同与行业相关的人群受政策的影响显著；创业前后从事行业不同的人群，受政策的影响不显著。

　　再次，利用 2019 年全国返乡创业企业的调查数据，通过构建二元 Logistic 模型，分析考察政策认知与创业环境的变化对返乡农民工创业培训绩效的影响。研究发现，个体特征、家庭特征、政策认知（政策支持认知和政策内容认知）以及创业环境等因素均会对创业者的创业培训绩效产生正向影响。具体而言：返乡农民工对创业培训扶持政策的认知越深入，创业培训绩效就越高；良好创业环境的营造有助于提升创业培训绩效；相较而言，家庭特征对创业培训绩效的影响最小。进一步通过异质性分析发现，在代际差异上，政策认知与创业环境对老一代及新生代农民工的创业培训绩效均产生显著且正向的影响；在创业行业选择差异上，不论创业者创业行业是否为全新行业，政策认知以及创业环境对创业者的创业培训绩效均产生显著且正向的影响。

最后，在实证分析的基础上，本书结合实地调研，为推动返乡农民工创业培训扶持政策有效落实，提升返乡农民工创业培训扶持政策绩效，进一步推动返乡农民工创业，有效提高农民收入，弱化疫情对返乡农民工就业创业的影响，统筹城乡和区域经济发展，提出以下政策建议：第一，通过完善基础设施建设、拓宽返乡创业渠道和搭建数据服务平台三个方面营造良好返乡创业环境；第二，通过提升创业培训质量、整合创业培训资源和强化创业培训服务三个方面优化返乡创业培训体系；第三，通过健全创业风险保障体系、强化创业资金扶持政策和完善政策执行监督机制三个方面强化返乡创业保障机制。

目　录

第一章 引言

第一节 问题的提出

党的十九大报告提出实施乡村振兴战略。党的十九届五中全会强调要优先发展农业农村，全面推进乡村振兴，加快农业农村现代化。党的十九届六中全会进一步明确中国特色社会主义进入新时代，立足新发展阶段、贯彻新发展理念、构建新发展格局、推动高质量发展，全面深化改革开放，促进共同富裕。党的二十大报告强调全面推进乡村振兴。"坚持农业农村优先发展，坚持城乡融合发展，畅通城乡要素流动。加快建设农业强国，扎实推动乡村产业、人才、文化、生态、组织振兴。"① 乡村振兴是实现共同富裕的必由之路，乡村振兴的关键在于产业振兴，产业振兴需要多元化人才支撑。要打造一支强大的乡村振兴人才队伍，在乡村形成人才、土地、资金、产业汇聚的良性循环。作为我国特

---

① 习近平：《高举中国特色社会主义伟大旗帜　为全面建设社会主义现代化国家而团结奋斗——在中国共产党第二十次全国代表大会上的报告》，人民出版社，2022，第31页。

有的返乡农民工创业这一"凤还巢"现象，在缓解社会就业压力、提高农民收入水平以及促进县域经济发展上发挥了显著的推动作用和带动效应，同时返乡农民工创业在很大程度上能够解决留守儿童、留守老人等农村社会问题，缓解农村社会"空心化"现象，是实现乡村振兴的重要人才保障。但相关调查研究表明，返乡农民工在创业过程中面临着诸多困难，例如多数返乡农民工自身素质较低，缺乏成功创业所必需的生产技术能力、经营管理知识和经验等，这在很大程度上制约了其成功创业，因此，返乡农民工创业培训问题成为当前政府和社会关注的焦点。党的十九大报告明确提出要"大规模开展职业技能培训，注重解决结构性就业矛盾，鼓励创业带动就业。提供全方位公共就业服务，促进高校毕业生等青年群体、农民工多渠道就业创业"[1]。国务院办公厅在《关于支持农民工等人员返乡创业的意见》中要求高度重视返乡农民工等人员创业培训工作。人力资源和社会保障部办公厅等五部门联合下发了《关于实施农民工等人员返乡创业培训五年行动计划（2016—2020年）的通知》，强调要大力开展创业培训，提高针对性和有效性，全面激发农民工等人员创业热情，提高创业能力。各省市也陆续出台了相关政策措施以推进返乡农民工创业培训工作。返乡农民工创业培训政策作为一项重要的创业就业扶持政策，旨在支持和鼓励农民工创业，拓宽增收渠道，鼓励创业带动就业，促进农民工多渠道创业就业，实施乡村振兴战略，促进农村三次产业的融合发展。那么，现行的返乡农民工创业培

---

[1] 习近平：《决胜全面建成小康社会 夺取新时代中国特色社会主义伟大胜利——在中国共产党第十九次全国代表大会上的报告》，人民出版社，2017，第46页。

训扶持政策绩效如何？创业培训扶持政策能在多大程度上影响返乡农民工的创业行为和收入？返乡农民工创业培训扶持政策在实施过程中还存在哪些问题？基于此，科学评估返乡农民工创业培训扶持政策绩效，厘清影响政策绩效的关键因素，系统优化创业培训扶持政策措施，对于进一步推动返乡农民工创业、协调城乡和区域经济发展、落实乡村振兴战略都具有重要的理论价值和现实意义。

近年来，随着我国经济增速的放缓和经济结构的转型升级，越来越多的外出务工农民向家乡回流，返乡农民工创业也逐步成为我国许多地区解决"三农"问题和开展新农村建设的重要方式与途径。[①] 农民工返乡创业符合新农村建设目标，有助于缓解城市就业压力、缩小城乡差距。[②] 返乡农民工创业问题已成为我国学者研究的热点。对农民工培训既有利于提高农民工自身技能，满足企业的需要，同时也有利于我国和谐社会的建设和国家经济的有序发展。[③] 现有研究主要集中在以下四个方面。一是关于农民工培训模式。培训是解决农民工就业问题的重要举措，农民工培训必须建立系统的培训模式[④]，相关学者对农民工培训模式的建立和完善提供了理论基础[⑤]。二是关于农民工培训需求。农民

[①] 袁明达、朱敏：《民族地区返乡农民工创业意愿影响因素分析——基于湖南西部的调查数据》，《中国劳动》2015 年第 24 期，第 40～44 页。

[②] 温敏：《新形势下农民工返乡创业的意义、问题及对策探析》，《农业考古》2014 年第 1 期，第 329～331 页。

[③] 赵曙明：《人力资源管理研究》，中国人民大学出版社，2001，第 316 页。

[④] 杨艳红、熊刚、戴烽：《试析金融危机下农民工培训的系统性管理》，《江西社会科学》2009 年第 8 期，第 240～243 页。

[⑤] 李湘平：《中国上市公司治理水平对公司业绩及价值影响的实证研究》，硕士学位论文，中南大学，2005；娄玉花、徐公义：《开展新生代农民工教育和培训模式的研究》，《中国职业技术教育》2013 年第 30 期，第 77～80 页；朱冬梅、黎赞：《发达国家农民工教育培训的经验及启示》，《成都师范学院学报》2014 年第 10 期，第 36～39 页。

工主观上渴望参加培训，但是企业为农民工提供培训不足以及社会上相关培训机构发展滞后，使农民工参与培训的动力不足，而将农民工对于培训的主观需求转变为现实需求则要通过制度创新。① 三是关于农民工培训的影响因素。学者们从个体特征、家庭特征、群体特征、培训项目特征、环境特征等方面考察了影响农民工培训参与意愿的因素。② 四是关于农民工培训效果。农民工在中国社会发展过程中发挥着不可估量的作用，因此如何提高农民工培训的效果，使农民工更为有效地为社会建设服务，已成为一个亟待解决的问题。③ 部分学者就农民工培训效果进行了理论探讨和实证分析，分别从企业培训和社会培训、技能培训与一般培训等方面，考察了不同类型的培训对农民工收入的影响。④

创业培训是帮助返乡农民工提升个人能力，并最终成功创

---

① 刘平青、姜长云：《我国农民工培训需求调查与思考》，《上海经济研究》2005 年第 9 期，第 77~89 页；韩秋黎、石伟平、王家祥：《农民工培训问题调查》，《中国职业技术教育》2007 年第 3 期，第 15~16 页；黄瑞玲、安二中：《经济波动下返乡农民工就业促进机制的创新——基于江苏省 13 市 1106 名返乡农民工的调研》，《现代经济探讨》2011 年第 9 期，第 70~74 页；夏怡然：《农民工的在职培训需求及其异质性——基于职业选择行为的经验研究》，《世界经济文汇》2015 年第 2 期，第 57~73 页。

② 黄乾：《农民工培训需求影响因素的实证研究》，《财贸研究》2008 年第 4 期，第 23~29 页；杨晓军、陈浩：《城市农民工技能培训意愿的影响因素分析》，《中国农村经济》2008 年第 11 期，第 46~53 页；丁煜、徐延辉、李金星：《农民工参加职业技能培训的影响因素分析》，《人口学刊》2011 年第 3 期，第 29~36 页；赵正洲、韩成英、吕建兴：《返乡农民工参与职业技能培训的影响因素分析——基于河南尧湖北尧湖南 3 省 35 个市渊县宛的调查》，《教育与经济》2012 年第 4 期，第 26~29 页；柳军、谭根梅：《两代农民工参与职业培训的影响因素分析》，《中国劳动》2015 年第 20 期，第 30~34 页；田立博、赵宝柱、付晓娜：《从就业状况看新生代农民工职业发展》，《成人教育》2016 年第 1 期，第 36~39 页。

③ 陈艾华、孔冬：《农民工培训效果关键影响因素识别——基于对浙江省农民工培训调查的内容分析》，《社会科学战线》2012 年第 4 期，第 237~239 页。

④ 李实、杨修娜：《我国农民工培训效果分析》，《北京师范大学学报》（社会科学版）2015 年第 6 期，第 35~47 页。

业的重要途径。① 近年来，国内学者开始关注返乡农民工创业培训等相关问题。朱红根等以江西省为例，调查发现农民工的年龄、受教育程度和是否掌握技能是目前影响农民工返乡创业成败的决定性因素，建议通过加强培训提高农民工创业成功率。② 随着农民工创业培训的发展，性别因素的效应逐渐在淡化，农民工特征与培训参与情况存在一定的系统性关系并受多种因素的综合性影响。③ 刘海指出为进一步提高返乡农民工创业成功率，可以通过完善创业培训管理机制、深化教育培训研究、加大培训投入力度等途径实现。④ 针对返乡农民工创业环境不佳问题，郭志仪和隆宗佐提出要完善基础设施，提高公共服务水平，完善返乡农民工创业培训政策的宏观协调机制。⑤ 同时，要针对不同创业主体制定符合其创业需求的有效培训扶持政策。⑥ 创业培训是新生代农民工成功创业的有效途径，为保障新生代农民工返乡创业培训的有效开展，要加强舆论宣传，增强培训内容的实用性，丰富培训形式，强化政府行为并将每项创业培训政策落到实处。⑦

---

① 刘奉越、孙培东：《基于返乡农民工学习特点的创业培训论略》，《教育学术月刊》2009 年第 8 期，第 85～88 页。

② 朱红根、陈昭玖、张月水：《农民工返乡创业政策满意度影响因素分析》，《商业研究》2011 年第 2 期，第 143～148 页。

③ 柳军、谭根梅：《两代农民工参与职业培训的影响因素分析》，《中国劳动》2015 年第 20 期，第 30～34 页。

④ 刘海：《我国现阶段返乡农民工创业培训研究》，硕士学位论文，山西大学，2014。

⑤ 郭志仪、隆宗佐：《对我国城市土地低效利用的经济学反思》，《学术论坛》2008 年第 3 期，第 125～128 页。

⑥ 李华红：《乡—城流动中西部农民工的创业需求》，《开放导报》2012 年第 5 期，第 78～81 页。

⑦ 茅国华、孙文杰：《新生代农民工返乡创业培训研究》，《中国成人教育》2014 年第 24 期，第 190～192 页。

综上可知，已有研究总体上呈现以下三个特点。一是探讨创业及创业培训的研究很多，但关注返乡农民工创业培训的甚少，特别是针对返乡农民工创业培训扶持政策绩效问题的研究更是鲜有涉及。二是现有成果以规范性研究为主，多集中于理论思辨水平，很少有研究进行实证检验，而定量的实证研究则更少。三是对返乡农民工创业培训扶持政策绩效未能建立科学的评价指标体系，缺乏对创业培训扶持政策绩效的客观评估。这为本书留下了较大的研究空间。

第二节　研究目标与研究假说

一　研究目标

本书以返乡农民工创业培训扶持政策绩效为研究对象，通过构建返乡农民工创业培训扶持政策绩效评估分析框架，深入考察返乡农民工创业培训扶持政策绩效水平及其影响因素，进而优化设计返乡农民工创业培训工作推进机制和政策措施。研究的具体目标包括以下方面。第一，细致梳理我国返乡农民工创业培训扶持政策实施状况，建构返乡农民工创业培训扶持政策绩效分析框架。第二，准确评估我国返乡农民工创业培训扶持政策绩效，厘清影响返乡农民工创业培训扶持政策绩效的关键因素。第三，优化设计返乡农民工创业培训工作推进机制及政策措施。

二　研究假说

创业作为一个复杂的社会现象，可以通过创业绩效来评价创

业活动的效果。影响创业绩效的因素有很多，包括创业主体特
征、创业环境、创业资源等方面。创业培训作为提升创业者创业
意识与创业能力的重要手段之一，对于提高创业绩效也具有重要
作用。通过创业培训提高农民工创业能力是培育乡村发展内生动
力的重要途径。Adeyanju 等利用 977 份调查问卷分析得出，创业
培训在创业绩效提升中发挥了重要作用。[①] 王轶等基于 2139 家返
乡创业企业调查数据研究发现，创业培训等因素对返乡创业企业
的经营绩效存在显著的正向影响。[②] 郭铖和何安华基于创业者人
力资本禀赋的调节效应，划分不同创业培训方向，指出政府应重
点支持生产技术类和市场营销类培训，这类培训的实施对农民涉
农创业绩效有着积极影响。[③] 综合已有研究发现，创业培训对返
乡创业者创业绩效有积极影响。对于返乡农民工而言，参与创业
培训可以增强创业意识、提升创业能力、加强政策认知，在创业
行为全过程中发挥作用，从而显著提升返乡农民工的创业绩效。
据此，本书提出以下研究假说。

研究假说一：创业培训能够显著提升返乡农民工的创业
绩效。

政策获取对返乡农民工创业绩效有着重要的影响。通过提升
人力资本水平、增加创业政策了解等方式，可以提升返乡农民工

---

① Adeyanju, D., Mburu, J., Mignouna, D., " Youth Agricultural Entrepreneurship:
Assessing the Impact of Agricultural Training Programmes on Performance. " *Sustainability*,
2021, 13 (4): 1-11.

② 王轶、丁莉、刘娜：《创业者人力资本与返乡创业企业经营绩效——基于 2139 家返乡
创业企业调查数据的研究》，《经济经纬》2020 年第 6 期，第 28~38 页。

③ 郭铖、何安华：《社会资本、创业环境与农民涉农创业绩效》，《上海财经大学学报》
2017 年第 2 期，第 76~85 页。

创业的政策获取能力，最终实现更好的创业政策获得。政策资源作为创业资源的一部分，对创业绩效起到了直接的作用。政策资源获取对返乡农民工创业绩效有重要影响，其中初始创业农民工的创业绩效受到政策资源获取的影响较大。戚迪明和刘玉侠基于浙江省返乡农民工创业试点地区的调查数据，实证分析了政策获取在人力资本与返乡农民工创业绩效之间的中介效应，再次证实了政策获取对返乡农民工创业绩效具有影响。[①] 综上所述，政策获取对返乡农民工创业绩效有显著的促进作用。政府给予返乡农民工创业过程中多种多样的创业支持政策，包括创业培训及其他政策，可以有效帮助创业者平稳度过脆弱的创业初期。因此，政策获取对返乡农民工创业绩效有显著的促进作用。

在政府培训扶持政策实施过程中，由于组织的培训资源总是有限的，如何让政府部门了解创业者的创业政策需求，政策资源的分配显得十分重要。积极参与创业培训可以增强创业者与政府部门之间的联系，有助于政府部门帮忙解决返乡农民工创业中遇到的难题，同时给予相应的政策扶持。是否参加创业培训对政策的获取具有一定的影响。相比于没有参加过创业培训的创业者，积极参加创业培训的创业者在创业过程中的需求更容易被政府了解、掌握。同时，对政府而言，也更容易给予参加创业培训的返乡农民工相应的政策帮助。因此，返乡农民工通过参与创业培训，可以获取其他创业政策的支持，从而提升创业绩效。综上所述，政策获取在创业培训对返乡农民工创

---

① 戚迪明、刘玉侠：《人力资本、政策获取与返乡农民工创业绩效——基于浙江的调查》，《浙江学刊》2018 年第 2 期，第 169~174 页。

业绩效的影响路径中能够发挥中介效应。据此，本书提出如下
研究假说。

研究假说二：政策获取对返乡农民工创业绩效有显著的促进
作用。政策获取在创业培训与返乡农民工创业绩效之间具有中介
效应。

农民工的行为倾向受其年龄、学历、婚姻状况等个体特征的
影响，但何种特质对农民工创业行为与创业意愿的影响最大，目
前尚无定论。Folmer 和 Dutta 通过研究农民的创业行为得出，年
龄、婚姻状况、学历、财富等因素对其创业行为产生决定性作
用。[1] 朱红根和康兰媛通过控制农民个体因素进行创业绩效的研
究发现，年龄越大、文化程度越高、创业时间越长的农民，其创
业绩效越高。[2] 对于返乡创业者而言，他们所拥有的社会资本对
其创业活动的开展也起到了至关重要的作用，其中，家庭支持可
以通过创业自我效能感的中介效应对创业行为产生正向影响。农
民工的家庭人数及家庭年收入可以较好地反映出其家庭的人力资
本以及资金资本禀赋情况：一方面，家庭人数越多，社会资本网
络就越大，拥有的社会资本以及人力资本禀赋丰富的可能性也
就越大，对创业培训政策的获取能力、理解力及实施力也就越
强，其对于创业培训政策的绩效反馈也就越好；另一方面，家
庭年收入越高，创业的资金资本禀赋越充裕，保障性越强，创

---

① Folmer, H., Dutta, S., "Determinants of Rural Industrial Entrepreneurship of Farmers in
West Bengal: A Structural Equations Approach." *International Regional Science Review*,
2010, 33: 367-396.

② 朱红根、康兰媛：《家庭资本禀赋与农民创业绩效实证分析》，《商业研究》2016 年第
7 期，第 33~41、56 页。

业培训政策的实施就会越顺利，培训绩效也就越高。

创业者的创业认知在创业过程中起到重要作用，认知在对人的行为造成影响的同时也会对人的行为起到指导作用。返乡农民工对创业培训政策的认知程度可以反映出其对政策的理解深度与运用程度，有研究指出农民工对政策的了解程度越深其对政策的满意度也就越高，即政策绩效的评价也就越高，较高的政策满意度有利于推动政策的实施。反之，政府与公众的认知分歧会导致相关项目的绩效损失与社会冲突，最终不利于政策的落实与良好政策绩效的达成。因此，返乡农民工对创业培训政策的认知越高，政策的传递就越有效，创业培训绩效也就越高。据此，本书提出以下研究假说。

研究假说三：返乡创业农民工的个体特征、家庭特征、政策认知对创业培训绩效产生显著影响。

大量研究表明，创业环境对创业绩效产生显著的正向影响。关于创业环境与创业绩效之间的关系，学者们分别从不同维度进行了研究。比如，刘影和魏凤从微观环境特性视角，运用结构方程分析技术考察了创业环境（环境动态性、环境复杂性）对农民创业绩效（生存绩效、成长绩效）的作用效果，研究结果表明，环境动态性对生存绩效有显著正向影响，对成长绩效的正向影响不显著，环境复杂性对生存绩效和成长绩效均有显著正向影响。[①] 高小锋和魏凤的研究从交通环境以及市场环境等方面入手，综合考虑交通运输、基础设施、经济发展条件等因

---

① 刘影、魏凤：《微观环境与农民创业绩效关系研究——基于陕西省 223 名农民创业者的实证分析》，《华东经济管理》2014 年第 9 期，第 167~171 页。

素对返乡农民工创业培训绩效的影响。通过对创业地便捷的交通运输、健全的基础设施以及良好的经济发展条件等环境的打造，释放出鼓励返乡农民工创业的信号，提升返乡农民工创业的积极性，提高返乡农民工创业的成功率。[①] 创业环境的营造也是提高创业培训绩效的重要影响因素。据此，本书提出以下研究假说。

研究假说四：创业环境对创业培训绩效产生显著影响。

第三节　技术路线、数据来源和研究方法

一　技术路线

本书的技术路线如图 1-1 所示。

二　数据来源

为深入了解目前返乡农民工创业培训扶持政策的实施效果，2019 年本课题组联合全国 15 所高校和科研单位在读学生，到国家发展改革委等部门联合发布的全国返乡创业试点地区进行了实地调研。被调查对象为返乡创业的农民工，调查时间在创业者所创办企业的工商营业执照有效期内。调查问卷主要分为两部分：第一部分为被调查对象的基本信息；第二部分为返乡创业培训政策满意度，其中包含返乡创业前与返乡创业后共两期的有关问

[①] 高小锋、魏凤：《创业环境对农民新创企业绩效的影响》，《贵州农业科学》2014 年第 3 期，第 223~227 页。

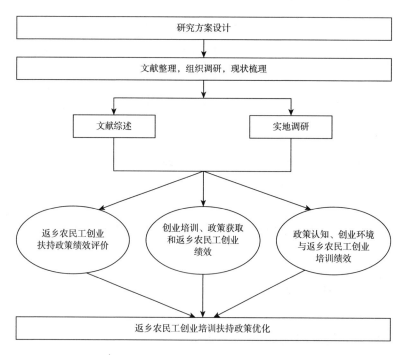

图 1-1 技术路线

题。调研内容主要包括返乡创业农民工个体特征、家庭特征、对返乡创业培训政策的认知、返乡创业现状等。调研区域包含安徽、山东、广东、江西等省份，同时为保证调研数据的可靠性，通过被调查对象对返乡创业前后问题回答的一致性，对调查问卷进行逻辑上的检查、修正和删除。

三 研究方法

本书在研究过程中主要采用了规范和实证分析、定性和定量分析相结合的方法，具体的研究方法如下。

一是文献研究方法。本书在研究过程中广泛收集整理国内外相关研究资料。一方面查阅梳理创业、创业培训、创业绩效等相关论文、学术专著类科研成果，分析相关研究背景，了解最新研究动态；另一方面细致研读国家和相关省份出台的返乡创业政策文件，分析研判相关政策实施情况，厘清研究的主要方向。

二是调查研究方法。本课题组通过设计调查问卷和访谈提纲，联合全国 15 所高校和科研单位在读学生，到国家发展改革委等部门联合发布的全国返乡创业试点地区进行实地调研，选择返乡农民工创业企业和相关政府部门人员进行访谈，修正并完善理论框架，收集和整理相关数据。

三是理论分析方法。本书通过细致梳理人力资本理论、社会资本理论、创业绩效理论等相关理论，从返乡农民工创业培训扶持政策的"目标-过程-结果"三个维度着手，建构返乡农民工创业培训扶持政策绩效评价体系及其影响因素的分析框架。

四是实证分析方法。为了科学评价返乡农民工创业培训扶持政策绩效、厘清影响返乡农民工创业培训扶持政策绩效的主要因素，本书选用了层次分析法、模糊综合评价法、PSM-DID 方法、二元 Logistic 模型回归分析等实证分析方法。

第四节　研究内容

本书共分七章，具体研究内容的结构安排如下。

第一章是引言。本章包括问题的提出，研究目标与研究假说，技术路线、数据来源和研究方法，研究内容，以及可能的创新与不足。

第二章是理论回顾与文献综述。本章首先界定研究中涉及的相关概念，并在分析返乡农民工创业培训扶持政策绩效相关理论的基础上，梳理评述国内外相关研究，为本书的开展奠定理论分析基础。

第三章是返乡农民工创业及创业培训状况分析。本章首先选取东部、中部、西部的浙江、山东、广东、安徽、江西、四川和贵州，细致梳理返乡农民工创业扶持政策和创业培训扶持政策实施情况，并在此基础上，基于本课题组调研数据，分析返乡农民工创业状况及创业培训政策实施情况。

第四章是返乡农民工创业扶持政策绩效评价。本章利用本课题组在全国返乡创业试点地区的调查数据，从政府工作完成度和政府工作满意度两个维度构建返乡农民工创业扶持政策绩效评价指标体系，同时结合全国返乡创业试点地区实地调研情况，运用模糊综合评价法对返乡农民工创业扶持政策绩效进行评价。

第五章是创业培训、政策获取和返乡农民工创业绩效。本章基于 2019 年全国返乡创业企业的调查数据，采用 DID 和 PSM-DID 方法实证检验了返乡农民工创业培训扶持政策的效应，并将政策获取作为中介变量，探讨了创业培训对返乡农民工创业绩效的作用机制。

第六章是政策认知、创业环境与返乡农民工创业培训绩效。本章利用全国返乡创业企业的调查数据，通过构建二元 Logistic 模型，分析考察政策认知与创业环境的变化对返乡农民工创业培训绩效的影响。

第七章是政策建议。本章在深入访谈的基础上，基于返乡农民工创业扶持政策绩效评价和返乡农民工创业培训绩效的影响因素分析，提出相关政策优化建议，以营造良好的创业环境、推动返乡农民工创业扶持政策有效落实、提升返乡农民工创业培训扶持政策绩效。

第五节　可能的创新与不足

一　可能的创新

与相关研究对比，本书可能的创新之处在于以下三点。

第一，从研究视角上看，当前研究多为探究返乡创业绩效的影响因素，缺乏创业培训绩效影响因素的深入分析，本书以创业培训绩效为对象开展研究，丰富了返乡农民工创业活动的研究。本书以返乡农民工群体作为研究对象，基于返乡创业培训对创业绩效影响的视角进行研究，扩展了创业培训对绩效影响的广度，同时本书将个体因素与客观环境因素相结合，考虑个体以及环境因素对创业培训绩效的影响，综合农民工个体因素、创业环境因素以及政策认知因素，剖析了其对创业培训绩效的影响。

第二，从研究方法上看，现有成果以理论思辨为主，多采用规范研究方法。很少有研究就返乡农民工创业培训扶持政策绩效相关问题进行实证检验，本书选用了层次分析法和模糊综合评价法科学评价返乡农民工创业扶持政策绩效，利用 PSM-DID 方法、二元 Logistic 模型回归分析等方法厘清影响返乡农民工创业培训扶持政策绩效的主要因素。

第三，从政策创新性上看，在科学评价返乡农民工创业扶持政策绩效，厘清影响返乡农民工创业培训扶持政策绩效主要因素的基础上，提出相关优化返乡农民工创业培训扶持政策的建议，对于推动返乡农民工创业扶持政策有效落实、提升返乡农民工创业培训扶持政策绩效有着重要的现实意义。

二　主要的不足以及下一步研究方向

囿于本人研究能力、新冠疫情对调研活动产生的影响等，本书仍存在一些有待完善的地方，主要表现在以下两个方面。

第一，由于目前国内学者主要关注创业培训本身的理论研究及创业政策总体的满意度或绩效评价，而对于创业培训扶持政策绩效的研究文献较少，不能有针对性地反映创业培训扶持政策的具体实施效果，尽管在研究过程中本课题组已经尽可能广泛收集梳理相关文献资料和前人研究成果，但仍然可能存在对资料掌握不够全面的情况，这在一定程度上导致了研究的广度和深度有待进一步提升。

第二，本课题组按计划于 2019 年赴全国返乡创业试点地区进行了实地调研，并获取了返乡创业开展情况的第一手数据资料，但囿于时间成本，调研并未覆盖全国所有省份，考虑到各地区返乡创业活动开展情况以及政策实施状况存在的差异性，有必要继续开展相关调研活动。

第二章　理论回顾与文献综述

第一节　概念界定

一　返乡农民工

农民进城务工现象产生于 20 世纪 80 年代，在农村剩余劳动力向城市转移的过程中，农民工回流现象一直存在。2006 年，国务院在《关于解决农民工问题的若干意见》中指出，农民工是户籍仍在农村但是从事非农活动的新型劳动力量，有的是在农闲时短期外出务工，有的是长期外出务工。罗剑朝等认为返乡农民工是在城市经历一段务工时期后选择离开城市重返家乡创业或继续务工的农民。[①] 本书所研究的返乡农民工是由外出务工地点返回家乡工作的农村居民。

二　返乡农民工创业

关于返乡农民工的定义目前学术界并没有一个统一的说法。

[①] 罗剑朝、李赟毅等编著《返乡农民工创业与就业指导》，经济管理出版社，2009。

返乡农民工作为创业主体与其他创业主体相比有两个鲜明特征。第一，农民工拥有的资金、其他资源非常有限，总体文化水平不高，缺乏资源整合能力，创业活动的开展主要是在外出务工经验的基础上借助农村资源、借鉴或模仿他人创业成功的案例，创业能力有限，创业方向较为狭窄。第二，较之于城市地区，农村地区的经济环境相对落后，信息传递不够畅通，业务模式单一，赢利能力不强，服务条件较差，这些因素是深入开展返乡农民工创业项目的一大障碍。刘唐宇认为农民工回乡创业是指农民工凭借其在外务工积累的技能、经验和资本，选择回乡从事商品性农业或工商服务业这种现象。[①] 本书研究的返乡农民工创业是指由外出务工地点返回家乡的农民工，有效利用其在城镇获得的各类资本和技能等在家乡创办工商企业或进行规模化的农业生产的活动。

三　创业培训

创业培训是解决就业和再就业问题的有效手段，同时也是创建学习型社会的重要体现，有效开展创业培训可以促进人口就业、提升我国的人口素质。培训即培养、训练，区别于正规教育过程，特指针对已经工作的员工开展的再教育或者专门训练的过程。[②] 创业教育强调的是企业家精神和综合素养的培育和开发，创业培训属于狭义的创业教育[③]，但与创业教育不同的是，创业

---

① 刘唐宇：《农民工回乡创业的影响因素分析——基于江西赣州地区的调查》，《农业经济问题》2010年第9期，第81~88、112页。
② 徐卫：《新生代农民工职业培训研究》，博士学位论文，武汉大学，2014。
③ 刘海：《我国现阶段返乡农民工创业培训研究》，硕士学位论文，山西大学，2014。

培训的目的性更强，致力于为学员提供新企业所需的知识和实践技能，更加注重实操性和针对性^①。2019 年，中国就业培训技术指导中心发布的《创业培训标准（试行）》对创业培训进行了明确定义：创业培训是面向具有创业意愿的劳动者或中小微型企业的经营管理者进行的激发创业意识、培养创新精神、普及创业知识、提升创业能力的培训活动和指导服务。综合其他学者的研究，本书认为创业培训是对有创业意愿并符合相关条件的人员进行基础知识和必备能力的培训。创业培训的基本内容主要包括培养创业意识、完善创业知识结构和提高创业能力。

四　创业绩效

目前学术界对创业绩效的概念没有明确的界定。Covin 和 Slevin 指出创业绩效应该用多维度进行衡量，其代表了组织达到一定水平所获得的成果。^② 对创业绩效进行研究需要将与创业成功紧密相关的社会环境和内部环境等考虑在内。^③ 基于创业绩效的系统性特征，Chandler 和 Hanks 认为应该从创业者、创业团队和企业环境三个方面出发建立评价创业绩效的指标体系。^④ Dobbin 等认为，创业绩效与创业者行为存在相关关系，创业绩效是创业

① 邓宝山：《全面认识创业培训　提高创业培训质量》，《中国劳动》2015 年第 11 期，第 29~31 页。

② Covin, J. G., Slevin, D. P., "A Conceptual Model of Entrepreneurship as Firm Behavior." *Entrepreneurship Theory and Practice*, 1991, 16 (1): 7-26.

③ Low, M. B., MacMillan, I. C., "Entrepreneurship: Past Research and Future Challenges." *Journal of Management*, 1988, 14 (2): 139-161.

④ Chandler, G. N., Hanks, S. H., "Market Attractiveness, Resource-Based Capabilities, Venture Strategies, and Venture Performance." *Journal of Business Venturing*, 1994, 9: 331-349.

者为企业确立的目标，创业者会运用各种方式将此目标实现。[①]
丁高洁和郭红东认为，创业绩效是在创业过程中通过综合各方面
努力达到特定目标的程度。[②] 周菁华通过研究发现，创业绩效的
提升不仅可以为当地农民提供更多就业机会，优化农村产业结
构，推动农村经济发展，还能够通过创业榜样吸引更多人在农村
创业。[③] 本书通过梳理国内外与创业绩效相关的文献发现，创业
绩效的定义大多与创业行为、创业目标、创业成果及创业者自身
能力相关联。

第二节　相关理论

一　人力资本理论

人力资本理论于 20 世纪 60 年代初创立后逐渐成为增加教育
投入、提升人力资本、推动经济增长的重要依据。这一理论的形
成促进了教育在世界范围内的迅速发展。

诺贝尔经济学奖获得者、美国著名经济学家西奥多·W. 舒
尔茨（Theodore W. Schultz）对人力资本理论体系的形成与发展做
出了开创性的贡献，被称为"人力资本之父"。1960 年，舒尔茨
发表了题为《人力资本投资》的演讲，系统分析了人力资本的思

---

① Dobbin, F., Campbell, J. L., Hollingsworth, J. R., et al., "Governance of the American Economy." *Contemporary Sociology*, 1991, 21: 513.
② 丁高洁、郭红东：《社会资本对农民创业绩效的影响研究》，《华南农业大学学报》（社会科学版）2013 年第 2 期，第 50~57 页。
③ 周菁华：《农民创业绩效的影响因素分析——基于 366 个创业农民的调查数据》，《江西财经大学学报》2013 年第 3 期，第 77~84 页。

想体系，这是人力资本理论形成的重要标志之一。《人力资本投资》主要解释了四个方面的问题：为什么经济学家没有重视对人的投资？如何理解人力资本对经济增长的作用？人力资本的定义与内容是什么？对人力资本投资的政策建议有哪些？舒尔茨认为，经济学家之所以忽视对人的投资问题是因为受人们内心世界的道德约束，人不被归为市场环境中能够自由交易的资产。将人视为能够利用投资方式来获得财富的资源，这种思想与长期以来人们追求自由的观念不相符。舒尔茨将人力资本理论整合到经济增长的研究中，为研究经济增长问题提供了新的视角，并用人力资本解释了关于经济增长的困惑。他认为"人力资本是人的知识、技能与健康的总和，这些因素同时决定着人力资本的差异性"①，因此，提高劳动者综合素质对推动经济发展至关重要。

加里·S. 贝克尔（Gary S. Becker）是继舒尔茨之后另一位对人力资本理论做出突出贡献的学者，贝克尔的研究建立在舒尔茨对人力资本问题的宏观分析基础上，并进一步从微观层面分析了人力资本的相关问题。贝克尔明确指出系统教育和在职培训的重要性。他认为，只有当预期收益不小于当下支出时，人们才会出于满足目前所需或未来期望的目的花费一系列教育支出。

美国经济学家爱德华·丹尼森（Edward Denison）也对人力资本理论的发展做出了重要贡献。他的研究主要利用计量分析手段衡量人力资本要素的作用，其将经济增长的因素归因于要素投入量和要素生产率。丹尼森在其发表的著作《美国经济增长因素

---

① Schultz, T. W., *Transforming Traditional Agriculture*. New Haven: Yale University Press, 1964.

和我们面临的选择》中利用 1909～1957 年的美国统计数据对影响经济增长的各种因素进行了详细分析，总结出教育是推动经济增长的人力资本因素，受教育程度的提高增加了社会人力资本总量。通过提高受教育程度来增长知识，不仅能够回答过去经济增长的原因，还能够推动今后的经济增长。

国内学者也从多角度对人力资本理论进行了深入探讨。李建民提出人力资本包括后天获得的知识、能力及健康等因素。[①] 朱舟在前人研究的基础上，认为人力资本是通过市场定价和教育、培训等途径后天获得的，能够提升投资接受体的学识、技能、道德及健康。[②] 创业培训是农村人力资本积累的有效措施，对农民工进行创业培训，一方面能够提高农民工个人文化素养，另一方面能够促进农民工由简单的体力型劳动逐步转变为智力型、技能型劳动，实现经济的可持续发展。[③]

二 社会资本理论

1985 年，法国社会学家皮埃尔·布迪厄（Pierre Bourdieu）在《社会资本随笔》中正式提出了社会资本的概念，他认为，社会资本是通过占有制度化关系网络得到的实际或潜在资源的集合体。布迪厄在文章中将社会资本的组成元素分为两部分：一是社会关系，群体中的个人通过社会关系获得资源；二是资源的总量和质量。其研究还认为，参加群体活动能够使个体收益实现持续

① 李建民：《人力资本与经济持续增长》，《南开经济研究》1999 年第 4 期，第 2～7 页。
② 朱舟：《人力资本投资的成本收益分析》，上海财经大学出版社，1999。
③ 钟小斌：《农业创业培训供需均衡实证及其政策原因解析——以武汉市为例》，硕士学位论文，中南民族大学，2014。

上升。社会网络的建构将为个体带来其他收益，其建构过程不是自然发生的，必须借助社会群体关系的战略。[①]

马克·格兰诺维特（Mark Granovetter）和林南（Lin Nan）也对推动社会资本理论发展做出了重要贡献。1973年，格兰诺维特提出并细致剖析了"弱关系"的概念，进而将这一概念引入了个人求职就业问题中，他提出相比较强关系，弱关系可能更适用于求职人员寻求工作机会的过程中。1985年，格兰诺维特进一步研究了"嵌入性"的相关问题，他认为，经济生活是嵌入社会网络中的，而非独立存在的。林南结合格兰诺维特的观点，认为社会资本必须嵌入社会网络，个体可以通过社会资本获得所需资源以满足自身发展。他进一步从个体拥有资源的数量和质量层面加以论述，提出了资源获得的三个因素：一是个体资源的异质性，二是社会网络成员拥有的资源量，三是社会网络个体联结的频率和深度。

罗伯特·D.帕特南（Robert D. Putnam）进一步将社会资本理论的研究由个体层面延伸到宏观层面。20世纪90年代初期，帕特南研究了社会资本在政府中的应用，他和同事追踪调研和比较分析了意大利政府20年的变化历程，指出意大利中部和南部企业的差异源于其社会资本的不同。帕特南在其论文和论著中均提出，社会资本推动着世界经济的发展。帕特南还对比分析了人力资本、物质资本以及社会资本，提出人力资本与物质资本能够凭借社会资本适当提高，若能在社会中显现出社会资本的基本特

---

① Portes, A., "Social Capital: Its Origins and Applications in Modern Sociology." *Annual Review of Sociology*, 1998, 24: 1-24.

征，将有利于社会效率的提升。1995 年，帕特南指出社会资本不是私有财产，而是产生于社会生活。由于信任、规范和社会网络可以助推社会进步，且具有积累效应和强化效应，因此，信任和互惠能够让社会变得更加和谐。这些观点为研究社会资本提供了新的视角，并被一些政策制定者所采用。

国内学者在此基础上对社会资本理论的研究也取得了显著成果。张其仔认为社会资本是一种关系网络，应将制度和文化背景纳入分析因素中。[①] 边燕杰和丘海雄指出社会资本是个体与社会之间形成的联系，并将这种联系分成三类：纵向联系、横向联系及社会联系。[②] 赵延东和罗家德将社会资本分为个人社会资本和集体社会资本。前者包括在社会网络关系中个人关系资源以及个人网络结构位置资源，后者包括集体社会关系以及由集体行动带来的资源。[③]

三 创业绩效理论

国内外学者从不同角度对创业绩效进行研究，并形成了四个最具代表性的创业绩效研究理论：社会认知论、种群生态论、资源理论和战略适用论。从理论视角来看，目前的创业绩效研究并

[①] 张其仔：《马克思主义的劳动价值论和我国私营经济的发展》，《中共福建省委党校学报》2002 年第 1 期，第 3~8 页。

[②] 边燕杰、丘海雄：《企业的社会资本及其功效》，《中国社会科学》2000 年第 2 期，第 87~99、207 页。

[③] 赵延东、罗家德：《如何测量社会资本：一个经验研究综述》，《国外社会科学》2005 年第 2 期，第 18~24 页。

没有超越一般组织绩效研究的范畴。[①]

一是社会认知论。社会认知论认为人类活动是外在环境因素、个体因素及行为因素三者之间动态交互作用的结果[②]，其本质是对社会学习理论的扩展，强调人们可以通过观察他人的行为来间接学习，这种基于认知的学习理论被广泛应用于创业研究中。Wickham 提出了基于学习过程的创业模型，该模型将创业型组织看作学习型组织，认为创业过程是一个不断学习的过程，通过学习实现机会、资源与组织之间的动态匹配。[③] Chandler 和 Hanks 认为创业者的认知能力，如机会识别能力、资源获取与整合能力会直接影响创业绩效。该研究进一步指出应该从个人、组织和环境三个角度出发，充分认识创业者个体特征与创业绩效之间的关系。[④] Lerner 等的研究证实了创业动机与创业绩效的相关关系，认为融资能力、控制预算能力、员工管理能力及计划能力等与创业绩效高度相关。[⑤] 邢蕊等对创业团队知识异质性与创业绩效的关系进行研究，发现创业团队的认知复杂性和知识基础均有助于改善创业团队知识异质性对创业绩效的影响。[⑥] 左莉和周建

---

① 余绍忠：《创业绩效研究述评》，《外国经济与管理》2013 年第 2 期，第 34~42、62 页。

② Bandura, A., *Social Foundations of Thought and Action: A Social Cognitive Theory*. Upper Saddle River: Prentice Hall.

③ Wickham, P. A., *Strategic Entrepreneurship*. N. Y.: Pitman Publishing, 1998.

④ Chandler, G. N., Hanks, S. H., "Market Attractiveness, Resource-Based Capabilities, Venture Strategies, and Venture Performance." *Journal of Business Venturing*, 1994, 9: 331-349.

⑤ Lerner, M., Brush, C., Hisrich, R., "Israeli Women Entrepreneurs: An Examination of Factors Affecting Performance." *Journal of Business Venturing*, 1997, 12: 315-339.

⑥ 邢蕊、周建林、王国红：《创业团队知识异质性与创业绩效关系的实证研究——基于认知复杂性和知识基础的调节作用》，《预测》2017 年第 9 期，第 1~7 页。

林遵循"认知-行为-绩效"的理论范式，通过构建认知柔性、创业拼凑与新企业绩效的关系模型进行研究，发现认知柔性对新企业绩效具有正向影响。[1] 由此可知，创业者需要具备一定的认知水平才能保证企业在不断变化的外部环境中有良好的创业绩效。

二是种群生态论。种群生态论把创业企业看作生物种群，从生态学角度研究创业绩效。[2] 该理论强调环境适应能力对企业生存和发展的重要性，认为最先进入市场竞争的企业能够获得额外利润，因此具备较高的创业绩效，而随着企业数量超出环境承载能力，企业间竞争程度不断提升，这种最先进入企业的优势会逐渐消失，最终只有那些具备相对竞争优势的企业存活下来。[3] 因此，种群生态论又被视为"自然决定论"。Ulrich 和 Barney 指出外界环境中蕴涵了企业创业所需的资源，因此外界环境对创业绩效有重要影响。[4] Miller 和 Friesen 的研究表明，外界环境的动态变化能够对创业绩效产生直接影响。[5] Aldrich 和 Martinez 指出对企业生存与发展产生重要影响的是企业对环境的适应度和匹配

① 左莉、周建林:《认知柔性、创业拼凑与新企业绩效的关系研究——基于环境动态性的调节作用》,《预测》2017 年第 2 期, 第 17~23 页。

② Delacroix, J., Carroll, G. R., "Organizational Foundings: An Ecological Study of the Newspaper Industries of Argentina and Ireland." *Administrative Science Quarterly*, 1983: 274-291; Lerner, M., Brush, C., Hisrich, R., "Israeli Women Entrepreneurs: An Examination of Factors Affecting Performance." *Journal of Business Venturing*, 1997, 12: 315-339.

③ 李乾文:《创业绩效四种理论视角及其评述》,《经济界》2004 年第 6 期, 第 93~96 页。

④ Ulrich, D., Barney, J. B., "Perspectives in Organizations: Resource Dependence, Efficiency, and Population." *The Academy of Management Review*, 1984, 9 (3): 471-481.

⑤ Miller, D., Friesen, P. H., "Archetypes of Strategy Formulation." *Management Science*, 1978, 24 (9): 921-933.

度，且环境适应度和匹配度与企业发展状况呈正相关。[①] Delacroix
和 Carroll 认为创业绩效与人口因素、经济因素和技术因素等外界
因素相关，而企业生存的概率与组织内部战略因素相关。[②] 朱红
根等基于创业环境对农民创业绩效的影响进行研究发现，金融服
务环境、社会经济环境和基础设施环境对农民创业绩效有直接正
向影响。[③]

三是资源理论。资源理论将企业视为资源与能力的集合体[④]，
从资源的获取、配置及利用视角研究创业绩效，该理论强调实现
资源整合对创业企业绩效的重要性，认为创业绩效的高低源于资
源异质性[⑤]。

Barney 将企业资源分为人力资源、物力资源和组织资源，认
为其是企业能控制管理的并且可以对效率及效益产生促进作用的
资源。[⑥] 资源理论主要分为两部分：资源基础理论与资源依赖理
论。资源基础理论认为企业是资源的集合体，企业间绩效水平产
生差异的原因是不同企业稀缺资源数量和资源配置方式不同。企

① Aldrich, H. E., Martinez, M. A., "Many Are Called, But Few Are Chosen: An Evolutionary Perspective for the Study of Entrepreneurship." *Entrepreneurship Theory and Practice*, 2001, 25 (4): 41-56.

② Delacroix, J., Carroll, G. R., "Organizational Foundings: An Ecological Study of the Newspaper Industries of Argentina and Ireland." *Administrative Science Quarterly*, 1983: 274-291.

③ 朱红根、刘磊、康兰媛：《创业环境对农民创业绩效的影响研究》，《农业经济与管理》2015 年第 1 期，第 15~25 页。

④ Penrose, E. T., *The Theory of the Growth of the Firm*. Oxford University Press, 1959.

⑤ Moyes, A., Westhead, P., "Environments for New Firm Formation in Great Britain." *Regional Studies*, 1990, 24 (2): 123-136; Barney, J. B., "Firm Resources and Sustained Competitive Advantage." *Advances in Strategic Management*, 1991, 17: 3-10.

⑥ Barney, J. B., "Firm Resources and Sustained Competitive Advantage." *Advances in Strategic Management*, 1991, 17: 3-10.

业的内生资源优势最后会逐渐转化为竞争优势，为消费者提供低成本或显著差异化的产品。Heirman 和 Clarysse 认为企业拥有资源的种类会影响其绩效。[①] 企业拥有的独特资源越多，竞争优势越明显，创业利润越高。[②] Romanelli 认为创业绩效受企业资源数量和质量的影响，因此企业应合理利用有效资源，以便充分发挥现有资源对创业绩效的提升作用。[③] 资源依赖理论强调了企业获取资源能力的重要性，认为由于资源的差异性和不完全流动性，组织的生存和发展需要与周围环境相互依存、相互作用。Barney 指出创业企业的资源获取和有效配置有利于企业获得市场竞争优势。[④] Katz 和 Gartner 认为具备一定的有形资产会稳定企业创业之初的发展并会减少经营失误对企业的不利影响。[⑤] Premaratne 通过研究发现，资源获取能够正向影响新创企业的绩效提升，且这种影响呈动态加强态势。[⑥] 朱秀梅和费宇鹏以初创企业为对象，通过构建关系特征、资源获取与初创企业绩效之间的理论模型进行研究发现，知识资源获取对初创企业财务和成长绩效具有正向影

[①] Heirman, A., Clarysse, B., "How and Why Do Research-Based Start-Ups Differ at Founding? A Resource-Based Configurational Perspective." *Journal of Technology Transfer*, 2004, 29: 247-268.

[②] Collins, J., Shackelford, D., Wahlen, J., "Bank Differences in the Coordination of Regulatory Capital, Earnings and Taxes." *Journal of Accounting Research*, 1995, 33 (2): 263-291.

[③] Romanelli, E., "Environments and Strategies of Organization Start-Up: Effects on Early Survival." *Administrative Science Quarterly*, 1989: 369-387.

[④] Barney, J.B., "Firm Resources and Sustained Competitive Advantage." *Advances in Strategic Management*, 1991, 17: 3-10.

[⑤] Katz, J., Gartner, W.B., "Properties of Emerging Organizations." *The Academy of Management Review*, 1988, 13 (3): 429-441.

[⑥] Premaratne, S.P., "Entrepreneurial Networks and Small Business Development: The Case of Small Enterprises in Sri Lanka." Eindhoven: Technische Universiteit Eindhoven, 2002.

响，运营资源对初创企业财务和成长绩效的影响不显著。[①]

四是战略适用论。战略适用论立足于企业战略规划，从战略布局层面研究创业绩效的影响因素，以识别、开发及利用外部环境中的创业机会为出发点，强调企业战略定位与外部环境相匹配的重要性。该理论认为识别创业机会、选择发展战略、有效整合资源以及行为决策与过程是创业成功的关键。Sandberg 和 Hofer 指出，创业企业战略决定了创业绩效的高低。[②] Garter 等认为创业企业为减少与成熟企业的正面竞争，应该采用差异化的企业战略，如选择提供独特的产品或服务帮助创业企业赢得竞争优势。[③] 可以看出，在外部环境、企业战略与创业绩效三者的关系中，外部环境并不是影响创业绩效的唯一因素，面对环境变化带来的机遇与风险，创业者实施不同的企业战略可以有效把握机会和管控风险，最终实现企业的长久发展。

第三节　研究综述

一　创业的相关研究

作为管理学研究的前沿理论之一，创业研究在 20 世纪 80 年

---

① 朱秀梅、费宇鹏：《关系特征、资源获取与初创企业绩效关系实证研究》，《南开管理评论》2010 年第 3 期，第 125~135 页。

② Sandberg, W. R., Hofer, C. W., "Improving New Venture Performance: The Role of Strategy, Industry Structure, and the Entrepreneur." *Journal of Business Venturing*, 1987, 2: 5-28.

③ Garter, N. M., Gartner, W. B., Reynolds, P. D., "Reynolds Exploring Start-Up Event Sequences." *Journal of Business Venturing*, 1996, 11 (3): 151-166.

代取得了较大进展。国外学者针对创业的研究较早，从创业主体、创业过程、创业环境等不同层面分析论述了创业研究的相关内容。

一是创业主体层面。早期关于创业主体层面的研究主要集中在创业个体或团队的特征分析方面。Knight 和 Kotabe 认为，企业家应该是能够在未知情况下承担风险并做出决策的人。[①] Sternberg 指出，成功的创业者要能够创造性地提出新想法、分析评判这些想法、努力实现这些想法。[②] Woodward 认为，创业者个人社会网络对企业创立和发展进程中是否拥有丰富资源产生了重要影响，因此成功创业需要创业者在构建个人社会网络方面加大投入。[③]

二是创业过程层面。20 世纪 90 年代以来，创业研究的关注重点集中在创业过程分析层面。Gartner 指出创业的本质是成立新组织，创业过程包括把握机会、获取资源、管理经营等与成立新组织相关的全部动态过程。[④] Garter 等强调创业过程包括在组织中实现商业计划的所有目标，并从影响新企业未来走向的视角指出创业过程模型的要素包括人（People）、机会（Opportunity）、环境（Environment）、风险与回报（Risk and Reward）等。[⑤] Holt 从企业生命周期视角阐述了创业过程的四个不同阶段，即创业前阶

---

① Knight, G. A., Kotabe, M., "Entrepreneurship and Strategy in the International SME." *Journal of International Management*, 2001, 7 (3): 155-171.

② Sternberg, R. J., "Successful Intelligence as a Basis for Entrepreneurship." *Journal of Business Venturing*, 2004, 19: 189-201.

③ Woodward, W. J., *A Social Network Theory of Entrepreneurship: An Empirical Study*. The University of North Carolina at Chapel Hill, 1988.

④ Gartner, W. B., "A Conceptual Framework for Describing the Phenomenon of New Venture Creation." *Academy of Management Review*, 1985, 410: 695-705.

⑤ Garter, N. M., Gartner, W. B., Reynolds, P. D., "Reynolds Exploring Start-Up Event Sequences." *Journal of Business Venturing*, 1996, 11 (3): 151-166.

段（Pre-Startup Stage）、创业阶段（Start-Up Stage）、早期成长阶段（Early-Growth Stage）、晚期成长阶段（Later-Growth Stage），并进一步指出了不同创业阶段的主要工作内容和侧重点：在创业前阶段，创业者需做好创业前期准备和发展计划，包括资金筹集和成立企业；在创业阶段，创业者应该明确界定企业的市场定位，根据现状适当调整以确保新企业的生存和发展；在早期成长阶段，创业者需要应对市场、资金与资源使用方面的变化；在晚期成长阶段，创业者应逐步完善专业的管理体系，从而有效提升企业经营效率。[①]

伴随着创业过程的深入研究，创业机会也越来越受到关注。Kirzner 指出，创业机会可能在对新产品、新原材料或者新管理方法的探索过程中被发现。[②] Kirzner 进一步指出，市场价格机制失灵引发的不确定性和信息不完全性是创业者发现创业机会的重要渠道。[③] Shane 认为有两个方面对识别创业机会产生了重要影响：第一，识别创业机会必须具备的先前信息；第二，合理评估创业机会必须具备的认知思维。[④] Venkataraman 给出了将创业机会转变成经济价值的两种途径：第一种途径是成立新公司，第二种途径是出售创业机会。[⑤]

三是创业环境层面。创业环境是在具体的文化特质、生态环

[①] Holt, D. H., *Entrepreneurship: New Venture Creation*. New Jersey: Prentice Hall, 1992.
[②] Kirzner, I. M., *Competition and Entrepreneurship*. The University of Chicago Press, 1978.
[③] Kirzner, I. M., *How Markets Work*. Coronet Books Inc, 2008.
[④] Shane, S., "Prior Knowledge and the Discovery of Entrepreneurial Opportunities." *Organization Science*, 2000, 11 (4): 448-469.
[⑤] Venkataraman, S. V., "The Distinctive Domain of Entrepreneurship Research: An Editor's Perspective." *Advances in Entrepreneurship, Firm Emergence, and Growth*, 1997: 119-138.

境、经济社会或资源要素等基础上分析影响创业活动的变量。Specht 指出，组织实现长久发展不仅取决于其获取必要资源的能力，而且受其拥有的市场竞争优势的直接影响。[①] Morris 概括了对创业产生影响的内部环境变量，具体包含组织结构、管控机制、人力资源、企业价值观等。[②] Gnyawali 和 Fogel 认为，新创企业的可持续发展与其所处的外部环境密切相关，创业过程中的众多因素组成了创业环境，这些因素主要涉及以下五个维度：政府和规章制度、社会经济背景、创业和经营管理能力、创业资金规模、创业非资金支持。因此，政府部门、创业者以及社会各界人士都应该为开展创业活动营造适宜的环境。[③]

国内学者也从不同的角度对创业进行了丰富的研究。黄德林认为创业可以从组织、体制和制度、资本投入、价值等方面来理解。[④] 辜胜阻和武兢总结出创业是整合优势资源、创造机会，同时构建新型的组织形式并具备应对风险因素的活动。[⑤] 创业机会是创业研究的核心，部分学者在创业定义中强调了创业中的机会识别、创新绩效和价值贡献。郁义鸿提出，创业是抓住机会创造产品或服务价值的过程。[⑥] 宋克勤和张梦霞认同创业是在发现创

---

① Specht, P. H., "Munificence and Carrying Capacity of the Environment and Organization Formation." *Entrepreneurship Theory and Practice*, 1993, 17 (2): 77-86.

② Morris, D. W., "Toward an Ecological Synthesis: A Case for Habitat Selection." *Oecologia*, 2003, 136 (1): 1-13.

③ Gnyawali, D. R., Fogel, D. S., "Environments for Entrepreneurship Development: Key Dimensions and Research Implications." *Entrepreneurship Theory and Practice*, 1994, 18: 43-62.

④ 黄德林：《中国农民创业研究》，中国农业出版社，2008。

⑤ 辜胜阻、武兢：《扶持农民工以创业带动就业的对策研究》，《中国人口科学》2009 年第 3 期，第 2~12、111 页。

⑥ 郁义鸿：《多元产业结构转变与经济发展——一种理论框架》，复旦大学出版社，2000。

业机会的基础上实现价值，并补充指出创业包括创业者、商业机会、组织和资源等要素。[①] 也有少数国内学者开始从认知的角度来研究创业机会问题[②]，强调创业者个体的认知方式对发现、识别机会的重要作用，并且认为创业者的一些主观因素会决定机会的形成[③]。创业环境是创业活动过程中可以利用并且需要面对的外部影响因素的总和。[④] 经济、政治、文化等对创业活动产生影响的所有因素都属于创业环境。[⑤] 创业资源是创业成功需要具备的重要资本[⑥]，随着创业活动的研究逐渐深入，国内学者对创业资源方面的研究越来越多。顾桥认为，创业资源是企业在不同创业阶段所拥有和利用的有形资源和无形资源的总和。[⑦] 李硕将创业资源划分为不同的维度，运用结构方程模型实证分析创业资源对创业绩效的影响，发现较为丰富的创业资源可以促进创业企业提升创业绩效，为充分提高创业绩效，企业应该注重每一种创业资源的获取与利用。[⑧]

---

① 宋克勤、张梦霞：《"第二届企业管理研究与学科建设论坛"会议综述》，《首都经济贸易大学学报》2002年第2期，第78~80页。
② 任旭林、王重鸣：《基于认知观的创业机会评价研究》，《科研管理》2007年第2期，第15~18页；周小虎、姜凤、陈莹：《企业家创业认知的积极情绪理论》，《中国工业经济》2014年第8期，第135~147页。
③ 杨静、王重鸣：《创业机会研究前沿探析》，《外国经济与管理》2012年第5期，第9~17页。
④ 杜海东、李业明：《创业环境对新创企业绩效的影响：基于资源中介作用的深圳硅谷创业园实证研究》，《中国科技论坛》2012年第9期，第77~82页。
⑤ 葛建新：《对振兴东北装备制造业的几点认识》，《经济管理》2004年第21期，第16~19页。
⑥ 李宇：《祁阳县气象为"三农"服务工作探讨》，《科技研究》2014年第23期，第526~526页。
⑦ 顾桥：《关于湖北农村工业化发展现状的思考》，《财会月刊》2005年第30期，第60~61页。
⑧ 李硕：《基于战略视角的创业资源与创业绩效关系研究》，博士学位论文，吉林大学，2014。

二 创业培训的相关研究

创业培训可以帮助人们系统学习创业知识与技能，提高创业成功率，从而实现以培训助创业，以创业促就业。[①] 创业者的态度是创业成功与否的关键，因此，必须通过相关培训加强对创业者能力的培养，帮助其克服创业过程中的艰难险阻。[②] 2003 年，我国正式引进国际劳工组织开发的"创办和改善你的企业培训项目"（SIYB），同时包括"产生你的企业想法"（GYB）、"创办你的企业"（SYB）"改善你的企业"（IYB）和"扩大你的企业"（EYB）系列，通过层层递进的培训，帮助有创业意愿的劳动者。近些年来，创业培训的相关问题越来越受到社会各界的关注，国内学者从不同角度和不同领域对此展开了大量研究。郑军以山东省为例，研究发现年龄、对创业培训的满意度、对创业前景的担忧以及对参与创业培训的预期收益等多个因素会对农民参与创业培训的意愿产生影响，其中，对创业培训的满意度和对参与创业培训的预期收益会提高农民参与培训的积极性，年龄和对创业前景的担忧则会降低他们参与创业培训的意愿。[③] 朱冬梅和赵文多总结出北京、浙江、广东等发达地区存在四种典型的农民工培训模式，分别是"订单"模式、"培训券"模式、"富平"模式和"双转移"模式；而我国欠发达地区存在的农民工培训模式则主

① 刘畅：《培训为创业　创业促就业》，《中国劳动》2007 年第 10 期，第 6~8 页。

② Hildenbrand, B., Hennon, C. B., "Beyond the Concept of 'Getting Big or Getting Out': Entrepreneurship Strategies to Survive as a Farm Family." *International Journal of Entrepreneurship & Small Business*, 2008, 1: 479-495.

③ 郑军：《农民参与创业培训意愿影响因素的实证分析——基于对山东省的调查》，《中国农村观察》2013 年第 5 期，第 34~45、96 页。

要是"政府主导型"及"师傅带徒弟式"这两种培训模式。[1] 农民工教育培训两个主要的受益主体分别是农民工和其从业的企业，只有两者互相配合并积极参与，该类培训才能持续推进发展，我国现阶段在农民工培训方面已取得一定成效，但仍需加强。[2]

三　创业绩效的相关研究

创业绩效是衡量企业投入产出效率的关键指标，随着国内外学者对创业绩效领域的深入研究，创业绩效的影响因素研究逐渐多元化。在梳理大量相关文献的基础上，本书将影响创业绩效的因素分为内部因素与外部因素。

影响创业绩效的内部因素主要包括创业者的个体特征、文化程度、家庭因素、创业动机及创业效能感等。Sandberg 和 Hofer 指出，创业者的个体特征及未来发展计划会影响创业绩效。[3] Cooper 等认为创业者受教育程度对创业绩效产生积极影响[4]，但 Marvel 和 Lumpkin 的研究结果表明知识水平对创业绩效的作用并

① 朱冬梅、赵文多：《欠发达地区农民工教育培训问题及对策——以四川为例》，《继续教育研究》2014年第11期，第17~20页。
② 吕世辰、陈晨、霍韩琦：《农业转移人口教育培训效益研究》，《天津师范大学学报》（社会科学版）2015年第5期，第77~80页。
③ Sandberg, W. R., Hofer, C. W., "Improving New Venture Performance: The Role of Strategy, Industry Structure, and the Entrepreneur." *Journal of Business Venturing*, 1987, 2: 5-28.
④ Cooper, A. C., Gimeno-Gascon, F., Carolyn, Y. W., "Initial Human and Financial Capital as Predictors of New Venture Performance." *Journal of Business Venturing*, 1994, 9 (5): 371-395.

不明显[1]。Priyanto 通过研究发现，受教育程度能够转换成创业能力进而影响创业绩效。[2] 创业动机通过提高创业积极性、明确创业目的从而提升创业绩效。Winter 基于组织行为理论证明，具备较强动机的企业家和领导者有利于提升创业绩效。[3] Jensen 和 Luthans 利用结构方程模型进行实证分析，发现创业效能感增强可以显著提升创业绩效。[4] 国内学者对创业绩效的研究多以提出假设、构建模型进行实证分析。罗明忠以广东省为例，利用多元线性回归实证分析人格特质对农民创业绩效的影响以及人力资本的调节作用，研究发现尽责性、外倾性、情绪稳定性显著正向影响农民创业绩效，人力资本在尽责性和外倾性与农民创业绩效的关系中发挥正向调节作用。[5] 周菁华以重庆市为例，运用 Logistic 模型进行研究发现，对农民创业绩效有显著正向促进作用的因素包括家庭男性劳动力人数、家庭成员的最高文化程度、合作能力和坚韧能力，对农民创业绩效有显著负向影响的因素为家庭成员担任村镇干部，而家庭劳动力人数对农民创业绩效的影响不显著。[6] 朱红根和梁曦以江西省为例，通过 Oprobit 回归模型分析研究创业

① Marvel, M. R., Lumpkin, G. T., "Technology Entrepreneurs' Human Capital and Its Effects on Innovation Radicalness." *Entrepreneurship Theory and Practice*, 2007, 31 (6): 807-828.

② Priyanto, T., "The Journey of TelKom in Operating Communications Satellites to Serve the Indonesian Archipelago." *Online Journal of Space Communication*, 2005, 8: 1-10.

③ Winter, S. G., "The Satisfying Principle in Capability Learning." *Strategic Management Journal*, 2000, 21 (10/11): 981-996.

④ Jensen, S. M., Luthans, F., "Relationship between Entrepreneurs' Psychological Capital and Their Authentic Leadership." *Journal of Managerial Issues*, 2006, 18: 254-273.

⑤ 罗明忠:《个体特征、资源获取与农民创业——基于广东部分地区问卷调查数据的实证分析》，《中国农村观察》2012 年第 2 期，第 11~19 页。

⑥ 周菁华:《农民创业绩效的影响因素分析——基于 366 个创业农民的调查数据》，《江西财经大学学报》2013 年第 3 期，第 77~84 页。

动机对创业绩效的影响，结果发现成长型和价值型创业动机的农民比生存型创业动机的农民创业绩效更高，此外，研究发现家庭人均收入、性别、婚姻状况、风险偏好等对农民创业绩效均有显著影响。[①] 王雨濛等以安徽省为例，采用多案例研究法分析创业自我效能感对农民创业绩效的影响，研究表明创业自我效能感高的农民创业者能够通过采取多重举措显著提高企业绩效，而创业自我效能感低的农民创业者通过采取措施提高企业绩效的效果不明显。[②]

影响创业绩效的外部因素主要包括创业者的社会资本、创业环境及政策环境等。创业者可用资源及信息获取渠道在某种程度上受社会资本的约束，因此，创业者独特的社会资本构成意味着其实施某一特定行为的绩效好于实施其他行为的绩效。[③] 充足的社会资本能够丰富信息渠道、降低创业者工作负荷、提升办公效率，进而促进创业绩效的提高。[④] 郭钺和何安华研究发现，农民创业者的同质性社会资本和异质性社会资本均能提高农民涉农创业绩效，且异质性社会资本比同质性社会资本对农民涉农创业绩

① 朱红根、梁曦：《农民创业动机及其对农民创业绩效影响分析》，《农林经济管理学报》2017年第5期，第643~651页。

② 王雨濛、衣晓祺、孔祥智：《自我效能感、资源拼凑与农民创业绩效分析》，《华中农业大学学报》（社会科学版）2022年第1期，第83~93页。

③ Granovetter, M., "Economic Action and Social Structure: The Problem of Embeddedness." *American Journal of Sociology*, 1985, 91: 481-510.

④ Brüderl, J., Preisendörfer, P., Ziegler, R., "Survival Chances of Newly Founded Business Organizations." *American Sociological Review*, 1992, 72: 227-242.

效的影响更大。[1] 创业环境是开展创业活动必须考虑的外部客观因素[2]，创业企业的竞争发展及资源积累与其所处的环境密不可分[3]，良好的创业环境对创业企业绩效有显著的正向影响[4]。高小锋和魏凤以山东省为例，运用结构方程模型实证分析创业环境对企业绩效的影响，研究认为市场环境、融资环境、交通环境、技术环境、文化环境及政府环境是影响农民新创企业绩效的重要因素。[5] 实施一定程度的优惠财税政策能够提高人们的创业倾向，激励更多有创业意愿的人选择创业。[6] 徐辉和陈芳研究表明创业公共支持政策会直接影响创业绩效，其中政府补贴、税费减免政策对新生代农民工创业绩效的影响较大，而培训支持政策对新生代农民工创业绩效的影响不够明显。[7]

四　返乡农民工的相关研究

改革开放以来的农民工流动，为促进我国经济持续增长、完

---

[1]　郭铖、何安华：《社会资本、创业环境与农民涉农创业绩效》，《上海财经大学学报》2017 年第 2 期，第 76~85 页。

[2]　Aldrich, H. E., Martinez, M. A., "Many Are Called, But Few Are Chosen: An Evolutionary Perspective for the Study of Entrepreneurship." *Entrepreneurship Theory and Practice*, 2001, 25（4）：41-56.

[3]　谭颖、陈晓红：《我国中小企业创业环境的实证研究》，《中南财经政法大学学报》2009 年第 4 期，第 114~119、144 页。

[4]　王洁琼、孙泽厚：《新型农业创业人才三维资本、创业环境与创业企业绩效》，《中国农村经济》2018 年第 2 期，第 81~94 页。

[5]　高小锋、魏凤：《创业环境对农民新创企业绩效的影响》，《贵州农业科学》2014 年第 3 期，第 223~227 页。

[6]　Blanchflower, D. G., "Self-Employment in OECD Countries." *Labour Economics*, 2000, 7（5）：471-505.

[7]　徐辉、陈芳：《公共支持政策对新生代农民工创业绩效影响评价及其影响因素分析》，《农村经济》2015 年第 8 期，第 126~129 页。

善基础设施建设、推进城镇化发展、深化中国工业化进程等做出了重要贡献。《2020 年农民工监测调查报告》显示，2020 年全国农民工总量 28560 万人，其中，外出农民工 16959 万人，比上年减少 466 万人，下降 2.7%。伴随着城乡产业结构的调整，一些地区出现大批农民工回流现象，返乡农民工问题受到国内学者越来越多的关注。马忠国通过社会流动理论将农民工返乡分为两类。一类是消极回流。农民工由于金融危机、就业歧视等原因选择离开城市返回乡镇、农村务工或务农，这种流动对能力提升和改善生活没有太大影响，而且会加剧劳动力剩余，阻碍劳动力向其他地区和产业转移。另一类是积极回流。农民工返乡是对劳动力资源的流动配置，通过政策积极引导农民工利用其外出务工积累的技术、资本、资源返乡创业，实现以创业带动就业，有利于地区经济结构调整和产业结构升级，加快城镇化和农业现代化步伐。①

农民工返乡后所面临的最直接的问题是再就业。② 彭文慧认为，返乡农民工就业问题主要源于两个方面。一是体制原因，没有改革完全的城乡二元结构限制了市场机制的作用，造成农民工就业不稳定。二是宏观经济波动引发的企业经营状况不佳导致失业现象。③ 自主创业是返乡农民工解决再就业问题的重要途径，然而由于大部分外出务工农民工从事的是低端劳动，技能要求及经济收入较低，仅有小部分农民工通过从事技术门槛较高的行

---

① 马忠国：《社会流动视角下农民工返乡创业路径研究》，《特区经济》2009 年第 12 期，第 183~184 页。

② 谢勇、周润希：《农民工的返乡行为及其就业分化研究》，《农业经济问题》2017 年第 2 期，第 92~101 页。

③ 彭文慧：《社会资本对返乡农民工就业的促进机制与政策建议》，《农村经济》2011 年第 12 期，第 99~101 页。

业，学习累积了丰富的商业经验、人力资本与社会资本，返乡后选择创业。但是返乡创业受政策环境及创业环境等因素制约，返乡农民工创业活动的开展仍面临严峻的挑战。[①] 王西玉等通过对9个省份返乡民工问卷调查数据进行统计分析发现，很大比例的返乡民工依靠打工期间积累的资本和技能进行创业，实现了人力资本投资的高回报。[②] 吴瑞君和薛琪薪发现，农民工跨省就业比例下降，回流返乡人数增多，且返乡后面临较大的就业压力。[③] 返乡农民工多数属于主动返乡，且返乡创业渐成趋势。近年来，学者们对农民工返乡之后能否实现就业尤其是创业的影响因素的研究渐趋深入，由个体与家庭特征、外出务工经历等普遍因素到对返乡农民工拥有的人力资本和社会资本要素的进一步剖析，并重点关注社会资本的不同维度对返乡农民工就业、创业的影响。谢勇和周润希的研究表明，随着家庭规模和家庭人口抚养比的增大，农民工返乡的概率明显增大，且人力资本水平与农民工返乡之间存在显著的负相关关系。[④] 石智雷和杨云彦以湖北、河南为例，通过农村迁移劳动力回流决策的影响因素模型分析家庭禀赋对迁移劳动力回流的影响及其作用机制，结果表明家庭人力资本越丰富，劳动力越倾向于留在农村或者回流农村，但当家庭人力资本值达到一定水平后，劳动力更倾向于外出务工；家庭社会资

① 马芒、徐欣欣、林学翔：《返乡农民工再就业的影响因素分析——基于安徽省的调查》，《中国人口科学》2012年第2期，第95~102、112页。
② 王西玉、崔传义、赵阳：《打工与回乡：就业转变和农村发展——关于部分进城民工回乡创业的研究》，《管理世界》2003年第7期，第99~109、155页。
③ 吴瑞君、薛琪薪：《中国人口迁移变化背景下农民工回流返乡就业研究》，《学术界》2020年第5期，第135~144页。
④ 谢勇、周润希：《农民工的返乡行为及其就业分化研究》，《农业经济问题》2017年第2期，第92~101页。

本丰富的劳动力更愿意回流家乡就业。[1] 农民具备的社会资本能够有效减轻其创业过程中存在的人力资本和金融资本限制，有利于提升资本回报率，因此，农民创业者的社会资本对创业绩效起着至关重要的作用。[2] 彭文慧认为社会资本主要通过减少返乡农民工寻找工作的成本、增加返乡农民工知识技能、拓宽返乡农民工就业渠道等途径推动返乡农民工就业。[3]

五 返乡农民工创业的相关研究

进入 21 世纪后，内陆地区在要素成本优势和市场优势的作用下实现了经济的较快发展，社会经济布局逐渐由东部沿海地区向中西部内陆地区转移和扩散。[4] 部分曾经在东部沿海经济较为发达地区外出务工的农民工选择返乡创业，随着农民工返乡创业群体规模不断壮大，返乡创业农民工逐渐成为地方经济发展的新兴力量。[5] 充分发挥返乡农民工的创业潜能是推动农村地区经济发展、缓解就业问题的重要途径。[6] 近年来，国务院及相关部委出台了一系列政策文件以支持返乡农民工创业，如《关于支持农民

---

① 石智雷、杨云彦：《家庭禀赋、家庭决策与农村迁移劳动力回流》，《社会学研究》2012 年第 3 期，第 157~181、245 页。

② 黄洁、蔡根女、买忆媛：《农村微型企业：创业者社会资本和初创企业绩效》，《中国农村经济》2010 年第 5 期，第 65~73 页。

③ 彭文慧：《社会资本对返乡农民工就业的促进机制与政策建议》，《农村经济》2011 年第 12 期，第 99~101 页。

④ 娄帆、李小建、白燕飞：《1978 年以来中国沿海与内陆经济格局的转折分析》，《中国人口·资源与环境》2021 年第 5 期，第 1~11 页。

⑤ 马忠国：《社会流动视角下农民工返乡创业路径研究》，《特区经济》2009 年第 12 期，第 183~184 页。

⑥ 周广肃、谭华清、李力行：《外出务工经历有益于返乡农民工创业吗？》，《经济学》（季刊）2017 年第 2 期，第 793~814 页。

工等人员返乡创业的意见》(国办发〔2015〕47号)、《关于进一
步推动返乡入乡创业工作的意见》(人社部发〔2019〕129号)、
《关于推动返乡入乡创业高质量发展的意见》(发改就业〔2020〕
104号)等。

　　针对返乡农民工创业这一现象,国内学者从不同角度展开了
丰富的研究,并实证分析和找出了影响返乡农民工创业行为的个
人因素和社会因素。王西玉等认为,民工回乡创业与外出打工经
历有密切的关系。[①] 周广肃等进一步细化研究发现,相对于没有
外出务工经验的农民工,返乡农民工创业的概率要在1.8%以上。
此外,研究还发现外出务工经历会通过提升返乡农民工创业的融
资比例和人力资本积累促进创业。[②] 刘光明和宋洪远的研究表明,
子女教育、赡养老人是导致外出劳动力回乡创业的主要原因。[③]
刘唐宇以江西省为例,通过Logistic模型实证分析发现,农民工
回乡创业的影响因素主要有年龄、专业技能、婚姻状况、外出打
工年限、技能培训、管理能力、亲友借贷、正规金融借贷、自然
资源的可获取性、创业动机和对待风险的态度等。[④] 石智雷等以
湖北省为例,对返乡农民工的创业行为和创业意愿进行研究发
现,家庭经济状况、受教育程度、个人信仰和生产积极性对返乡

---

① 王西玉、崔传义、赵阳:《打工与回乡:就业转变和农村发展——关于部分进城民工
回乡创业的研究》,《管理世界》2003年第7期,第99~109、155页。

② 周广肃、谭华清、李力行:《外出务工经历有益于返乡农民工创业吗?》,《经济学》
(季刊)2017年第2期,第793~814页。

③ 刘光明、宋洪远:《外出劳动力回乡创业:特征、动因及其影响——对安徽、四川两
省四县71位回乡创业者的案例分析》,《中国农村经济》2002年第3期,第65~
71页。

④ 刘唐宇:《农民工回乡创业的影响因素分析——基于江西赣州地区的调查》,《农业经
济问题》2010年第9期,第81~88、112页。

农民工的创业行为有显著影响，其中，外出务工时从事加工制造业和个体经营、参加过技能培训、交际能力强的返乡农民工，其创业意愿更强。[①] 程广帅和谭宇以湖北省为例，对影响返乡农民工创业决策的因素进行研究发现，创业扶持政策、创业资本均显著影响返乡农民工的创业决策。[②] 王辉和朱健的研究发现，农民工受教育程度的提高有利于促进技能的提升以及人力资本和社会资源的积累，从而可以增强农民工返乡创业的意愿。[③]

　　国外学者对返乡农民工这一中国特殊群体的创业研究尚未涉及，相关研究多集中于农民创业。Figueroa-Armijos 等认为创业是解决低收入社区和落后区域经济发展问题的根本途径，农民创业有利于振兴乡村经济。[④] 农民创业促进农村经济的转型升级，为当地提供更多的就业机会。[⑤] 而农民创业过程中面临的障碍包括创业态度、创业文化和信息获取能力等。[⑥] 在农民创业过程中需要制定完善的政策措施以增强农民的创业意识，同时农村所拥有

---

① 石智雷、谭宇、吴海涛：《返乡农民工创业行为与创业意愿分析》，《中国农村观察》2010 年第 5 期，第 25~37、47 页。
② 程广帅、谭宇：《返乡农民工创业决策影响因素研究》，《中国人口·资源与环境》2013 年第 1 期，第 119~125 页。
③ 王辉、朱健：《农民工返乡创业意愿影响因素及其作用机制研究》，《贵州师范大学学报》（社会科学版）2021 年第 6 期，第 79~89 页。
④ Figueroa-Armijos, M., Dabson, B., Johnson, T. G., "Rural Entrepreneurship in a Time of Recession." *Entrepreneurship Research Journal*, 2012, 2 (1): 3.
⑤ Fortunato, P., Razo, C., "Export Sophistication, Growth and the Middle-Income Trap." *Transforming Economies—Making Industrial Policy Work for Growth, Jobs and Development*, 2014: 267-287.
⑥ Morgan, S. L., Marsden, T., Miele, M., Morley, A., "Agricultural Multifunctionality and Farmers' Entrepreneurial Skills: A Study of Tuscan and Welsh Farmers." *Journal of Rural Studies*, 2020, 26 (2): 116-129.

的丰富资源可以作为农民的创业优势。[1]

六　返乡农民工创业培训的相关研究

返乡农民工创业培训工作的开展有利于农民工了解创业扶持政策，提升创业本领，实现多渠道创业。近年来，中央和地方政府相继出台了一系列政策来推进返乡农民工创业培训工作。2015年，国务院办公厅在《关于支持农民工等人员返乡创业的意见》中要求强化返乡农民工等人员创业培训工作，扩大培训覆盖范围，提高培训的可获得性。2016年，人力资源和社会保障部办公厅等五部门联合下发了《关于实施农民工等人员返乡创业培训五年行动计划（2016—2020年）的通知》，强调针对不同群体采取差异化创业培训措施，形成多样化的创业培训体系，使创业培训与创业需求相适应。2020年，国家发展改革委等19个部门联合印发的《关于推动返乡入乡创业高质量发展的意见》明确指出强化创业培训，持续实施返乡入乡创业培训行动计划，对符合条件的返乡入乡创业人员按规定纳入职业培训补贴范围。返乡农民工创业培训问题越来越受到社会各界的关注。潘寄青和沈洊研究了农民工培训需求的特点及其影响因素，认为职业教育与专业技能培训可以促进农民工创业活动的开展，是提高农民工创业成功率的有效途径。[2]茅国华和孙文杰认为，通过对新生代返乡农民工

---

[1] Seuneke, P., Lans, T., Wiskerke, J.S.C., "Moving beyond Entrepreneurial Skills: Key Factors Driving Entrepreurial Learning in Multifunctional Agriculture." *Journal of Rural Studies*, 2013, 32: 208-219.

[2] 潘寄青、沈洊:《农民工培训需求与资金支持机制建设》,《求索》2009年第5期, 第1~4、131页。

进行创业培训将有利于提升其知识修养、业务技能及管理运作能力，从而培养出能扎根农村的新型农民，推动农村经济可持续发展。[①] 郑军以山东省为例，研究发现农民参与创业培训的意愿受其年龄、对创业培训工程的认可度、对创业前景的担忧以及对参与创业培训现实收益的预期等因素的影响。[②] 吕诚伦的研究发现，创业培训对农民工返乡创业意愿有显著负向影响，可能的原因是参加创业培训使农民工认识到自身不足，从而降低了返乡创业意愿。[③] 方鸣和詹寒飞选择我国中西部地区返乡农民工作为样本进行的研究发现，返乡农民工的个体特征、家庭特征、技能和创业培训经历等是影响他们对返乡创业培训政策满意度的重要因素，且各因素的影响具有一定的次序性。[④]

七　返乡农民工创业绩效的相关研究

近年来，返乡农民工创业绩效的相关研究受到越来越多的关注，如何提高返乡农民工创业绩效已成为政府、学者与创业者共同关注的话题。[⑤] 张鑫等研究表明，拥有外出打工经历的返乡农民的初创企业绩效较高，此外，返乡农民创业前的经济状况以及

---

① 茅国华、孙文杰：《新生代农民工返乡创业培训研究》，《中国成人教育》2014年第24期，第190~192页。

② 郑军：《农民参与创业培训意愿影响因素的实证分析——基于对山东省的调查》，《中国农村观察》2013年第5期，第34~45、96页。

③ 吕诚伦：《农民工返乡创业意愿的影响因素分析——基于湖南省482位返乡农民工调查数据》，《求索》2016年第9期，第139~143页。

④ 方鸣、詹寒飞：《返乡农民工对创业培训政策满意度的影响因素分析》，《财贸研究》2016年第6期，第54~59页。

⑤ 郑山水：《强弱关系、创业学习与农民工返乡创业绩效》，《西部论坛》2017年第3期，第25~33页。

创业经验也对初创企业绩效有显著影响。[1] 朱红根以江西省为例，研究发现农民工返乡创业绩效受年龄、文化程度、创业年数等因素的显著影响，相比较而言性别、婚姻状况的影响不大。研究还发现，个体户创业的农民工取得的创业绩效相对较低。[2] 创业环境不同维度对农民创业绩效产生了不同影响，其中针对政策环境这一维度的研究较为集中。[3] 朱红根基于江西省返乡创业农民工问卷调查数据进行实证分析发现，政策资源获取对创业初始阶段的企业绩效产生重要影响，但是对于达到一定规模的企业的绩效影响不大。[4] 何晓斌和柳建坤基于有序概率模型实证研究了政府支持对返乡创业绩效的影响，结果表明政府支持对返乡创业绩效具有正向影响。[5] 王轶和陆晨云的研究表明，税收减免、贷款担保、用地优惠及产业扶贫对返乡创业企业绩效的提升有明显作用。[6] 中国农村长期以来就是一个熟人社会，具有良好的社会信任。[7] 基于此，诸多学者从社会资本角度入手，研究农民工创业者的社会关系网络架构对创业绩效的影响效应，并通过大量的实

① 张鑫、谢家智、张明：《打工经历、社会资本与农民初创企业绩效》，《软科学》2015年第4期，第140~144页。

② 朱红根：《政策资源获取对农民工返乡创业绩效的影响——基于江西调查数据》，《财贸研究》2012年第1期，第18~26页。

③ 朱红根、刘磊、康兰媛：《创业环境对农民创业绩效的影响研究》，《农业经济与管理》2015年第1期，第15~25页。

④ 朱红根：《政策资源获取对农民工返乡创业绩效的影响——基于江西调查数据》，《财贸研究》2012年第1期，第18~26页。

⑤ 何晓斌、柳建坤：《政府支持对返乡创业绩效的影响》，《北京工业大学学报》（社会科学版）2021年第5期，第48~63页。

⑥ 王轶、陆晨云：《财税扶持政策何以提升返乡创业企业经营绩效？——基于全国返乡创业企业的调查数据》，《现代财经（天津财经大学学报）》2021年第6期，第56~72页。

⑦ 柳建坤、何晓斌、张云亮：《农户创业何以成功？——基于人力资本与社会资本双重视角的实证研究》，《社会学评论》2020年第3期，第105~117页。

证检验发现社会资本各维度对农民工创业绩效有显著的正向影响。[1] 张鑫等将社会资本划分为网络规模、网络密度和网络资源三个维度，运用最小二乘回归法（OLS）实证研究社会资本对农民初创企业绩效的影响，得出网络规模和网络资源对农民初创企业绩效有积极影响。[2]

通过梳理上述文献发现，当前关于返乡农民工创业绩效的研究较为丰富，但针对返乡农民工创业培训绩效开展的研究较少，本书以创业培训扶持政策绩效为对象开展分析，丰富了返乡农民工创业活动的研究。

第四节　小结

创业作为经济持续增长与产业结构优化的内生发展动力，已逐步成为解决"三农"问题的关键。返乡农民工创业不仅可以提高农民收入、解决农民就业问题，还能推动农村地区经济发展，是助推乡村振兴的有效途径。现阶段各级政府积极鼓励返乡农民工创业，然而现实中城乡二元体制尚未完全消除，农村教育以及就业环境相对落后。在此背景下，进一步推进返乡农民工创业培训工作是营造良好的创业环境、提升农民工创业素养的重要手

---

[1]　吴溪溪、吴南南、马红玉：《社会资本、创业自我效能感与农民工创业绩效研究——基于陕西省722份调研问卷》，《世界农业》2020年第1期，第108~117页；郭铖、何安华：《社会资本、创业环境与农民涉农创业绩效》，《上海财经大学学报》2017年第2期，第76~85页。

[2]　张鑫、谢家智、张明：《打工经历、社会资本与农民初创企业绩效》，《软科学》2015年第4期，第140~144页。

段。从上述对相关研究文献的梳理和总结中可以看出，国内外学者针对创业、创业培训、创业绩效、返乡农民工、返乡农民工创业、返乡农民工创业培训和返乡农民工创业绩效等角度展开了丰富的研究，并得到很多富有见地的结论和建议，具有一定的现实指导意义和参考价值。但同时，由于相关研究视角不同和研究领域存在差异，部分学者对创业的研究限于宏观层面，以一般化的理论分析居多，针对性有待提升，需要进行深入具体的研究和分析。

第三章　返乡农民工创业及创业
培训状况分析

第一节　返乡农民工创业状况

一　返乡农民工创业总体状况

（一）返乡农民工创业活动开展情况

创业行为作为一种社会活动，有助于焕发创新活力，对我国的社会发展和经济建设具有重要意义。农民工是创业行为的主体之一，农民工创业作为工业带动农业、城市带动农村、发达地区带动落后地区的实现形式，可以有效推动我国经济社会稳定发展。其中，返乡农民工创业作为我国特有的现象，可以助推区域经济发展，助力乡村振兴。自 20 世纪 90 年代开始，随着沿海地区的快速发展，从农村向城市涌入大量劳动力，逐渐形成外出务工大潮。1989 年，农村劳动力出现了部分逆向流动，但返乡创业人数总量十分有限，并没有有效发挥返乡创业的实际作用。进入

21 世纪，中西部地区返乡创业规模明显扩大。国务院研究室发布的《中国农民工调研报告》数据显示，2004 年每 100 个外出农民工中有 4 个回乡创业。2008 年，受全球金融危机的影响，外部环境与内部因素共同导致大批农民工选择返乡创业。农民工返乡创业趋势明显加强，农村劳动力呈现双向流动的新趋向。为了全面激发农民工等人员的返乡创业热情，2015 年，国务院办公厅出台了《关于支持农民工等人员返乡创业的意见》，支持返乡农民工等人员进行创业活动。随着经济的不断发展，国家和地方政府出台了越来越多的政策以支持农民工返乡创业。当前，返乡农民工创业呈现新的发展特点。返乡农民工创业内容不断丰富，与新兴技术的有效融合扩大了创业规模。同时，返乡农民工创业领域多集中在与农业有关的非农产业。由国家统计局发布的《2020 年农民工监测调查报告》显示，2020 年农民工总量为 28560 万人，同比下降 1.8%。分行业来看，其中，从事第三产业的农民工比重为 51.5%，比上年提高 0.5 个百分点；从事第二产业的农民工比重为 48.1%，比上年下降 0.5 个百分点。从输出地来看，东部地区农民工 10124 万人，比上年减少 292 万人，下降 2.8%，占农民工总量的 35.4%；中部地区农民工 9447 万人，比上年减少 172 万人，下降 1.8%，占农民工总量的 33.1%；西部地区农民工 8034 万人，比上年减少 17 万人，下降 0.2%，占农民工总量的 28.1%。从输入地来看，在东部地区就业的农民工 15132 万人，比上年减少 568 万人，下降 3.6%，占农民工总量的 53.0%；在中部地区就业的农民工 6227 万人，比上年增加 4 万人，与上年基本持平，占农民工总量的 21.8%；在西部地区就业的农民工 6279

万人，比上年增加 106 万人，增长 1.7%，占农民工总量的 22.0%。[①] 由数据分析可得，东部地区输出的农民工人数减少最多，而中西部地区输入的农民工人数持续增加。中西部地区持续吸收农民工就业，为有知识、有技术、有资金的返乡农民工创业奠定了良好的基础，中西部地区呈现返乡农民工创业的新热潮。

（二）返乡农民工创业政策环境

为支持农民工等群体返乡创业，党中央、国务院出台了一系列重大政策措施。2015 年，国务院办公厅印发了《关于支持农民工等人员返乡创业的意见》，旨在支持农民工等人员进行返乡创业活动，以促进就业，增加收入。2016 年，国务院办公厅印发了《关于支持返乡下乡人员创业创新促进农村一二三产业融合发展的意见》，进一步细化和完善扶持政策，鼓励和支持返乡下乡人员创业创新。2018 年，国务院印发了《关于推动创新创业高质量发展打造"双创"升级版的意见》，进一步优化创新创业环境，对推动大众创业万众创新提出了新的更高要求。2019 年，人力资源和社会保障部、财政部、农业农村部联合印发了《关于进一步推动返乡入乡创业工作的意见》，目的在于通过国家政策进一步推动农民工等群体返乡入乡创业，同时促进农村三次产业融合发展，实现更充分、更高质量就业。

---

① 《2020 年农民工监测调查报告》，http://www.stats.gov.cn/sj/zxfb/202302/t20230203_1901074.html。

人力资源社会保障部 财政部 农业农村部
关于进一步推动返乡入乡创业工作的意见（节选）

三、优化创业服务

（六）提升服务能力。依托县乡政务服务中心办事大厅设立创业服务专门窗口，为返乡入乡创业人员就地就近提供政策申请、社保接续等服务。提升基层创业服务能力，完善县以下公共就业服务机构创业服务功能，建立基层服务人员管理和培训机制。组建企业家、创业成功人士、专业技术人员等组成的专家团，向返乡入乡创业人员提供咨询指导。支持运用就业创业服务补助，向社会购买基本就业创业服务成果，引导各类市场化服务机构为返乡入乡创业提供服务，加强绩效管理。

（七）强化载体服务。加强返乡入乡创业园、创业孵化基地、农村创新创业孵化实训基地等各类返乡入乡创业载体建设，为返乡入乡创业人员提供低成本、全要素、便利化的创业服务。构建"生产+加工+科技+营销+品牌+体验"多位一体、上下游产业衔接的创业格局，打造"预孵化+孵化器+加速器+稳定器"的全产业链孵化体系，力争5—10年农村创新创业孵化实训基地覆盖全国所有县（市、区）。落实房租物业费减免、水电暖费定额补贴等优惠政策，降低入驻企业和创业者经营成本。鼓励有条件的地方，在符合条件的乡村开辟延伸寄递物流线路及网点，降低返乡入乡创业企业生产经营成本。引入天使投资、创业投资、风险投资基金等，缓解入驻企业和创业者融资难题。

有条件的地区可根据入驻实体数量、孵化效果和带动就业成效，给予一定奖补。

（八）健全社会保险和社会救助机制。推进扶贫车间、卫星工厂、返乡入乡创业小微企业等按规定参加工伤保险。开展新业态从业人员职业伤害保障试点。对返乡入乡创业失败的劳动者，按规定提供就业服务、就业援助和社会救助。

四、加强人才支撑

（九）做好用工服务。建立返乡入乡创业企业用工需求信息采集制度，提供信息发布、用工指导等服务。引导返乡入乡创业企业对技能岗位招用人员积极开展培训。对返乡入乡创业的农民专业合作社、专业技术协会、手工艺传承人等机构或个人作为主体提供培训的，可按规定给予培训补贴。实施专业技术人才知识更新工程，对返乡入乡创业专业技术人才给予倾斜支持。

（十）深化招才引智。建立本地外出人员联络机制，引进一批返乡入乡人才，发掘一批"田秀才""土专家""乡创客"和能工巧匠，以乡情亲情吸引企业家、专家学者、技术技能人才等回乡创业创新，按规定为返乡入乡创业人员和引进人才及其家庭提供配套公共服务。返乡入乡创业企业招用的技术技能人才、经营管理人才，要纳入当地人才引进政策支持范围，按规定在项目申报、职称评审以及各类重点人才选拔培养奖励项目等方面予以倾斜。返乡入乡创业集中地区可设立专家服务基地。继续开展返乡入乡创业急需紧缺专业技术人才培养、技术维护培训等活动。

资料来源：《人力资源社会保障部 财政部 农业农村部关于进一

步推动返乡入乡创业工作的意见》，http：//www.mohrss.gov.cn/SYrlzyhshbzb/jiuye/zcwj/chuangye/202001/t20200108_352969.html。

~~~~~~

二　返乡农民工创业扶持政策实施情况

（一）浙江省

浙江省位于我国东部，属于东南沿海地区。由于返乡创业政策的持续支持，浙江省返乡就业人数不断增加。根据《2020年浙江省国民经济和社会发展统计公报》，浙江省2020年新增返乡留乡就业农民工为48.8万人。浙江省通过给予返乡农民工创业补贴等方式，高质量推进创业工作，构建返乡农民工创业支持体系，助力乡村振兴战略实施。2015年，浙江省人民政府办公厅发布的《关于进一步做好为农民工服务工作的实施意见》指出，要进一步维护农民工劳动保障权益，以此深入推动返乡农民工创业，激发创业人员的创业热情。2016年，浙江省已有5地成为全国首批结合新型城镇化开展支持农民工等人员返乡创业试点的地区。2020年，浙江省人民政府办公厅发布的《关于进一步做好稳就业工作的实施意见》强调，支持返乡农民工创业，并给予一定的创业补贴，实现灵活就业。

浙江省人民政府办公厅

关于进一步做好稳就业工作的实施意见（节选）

二、鼓励创业和灵活就业

（一）优化创业环境。深化"证照分离"改革，推进"照后减证"，简化住所（经营场所）登记手续，申请人提交场所合法使用证明即可登记。政府投资开发的创业孵化基地、小微企业园等平台应安排一定比例场地，免费向高校毕业生、失业人员、退役军人、农民工等群体提供。疫情期间，创业平台为承租的创业主体减免租金的，各地可给予一定运营补贴。鼓励各地建立以创业带动就业为主要支持方向的创业引导基金，引导社会资本投入，为重点群体创业提供股权投资、基金扶持等服务。高校毕业生初次创办养老、家政服务和现代农业企业的，按规定给予最高10万元的创业补贴。创业导师提供创业服务的，可给予服务补贴。落实重点群体创业税收优惠政策。（省发展改革委、省经信厅、省教育厅、省科技厅、省民政厅、省财政厅、省人力社保厅、省农业农村厅、省商务厅、浙江省税务局、省市场监管局按职责分工负责）

（二）加大创业担保贷款政策实施力度。健全创业担保贷款工作机制，推行信用乡村、信用园区、创业孵化示范基地推荐免担保做法。各地要统筹推进创业担保贷款工作，各级政策性担保机构要加大对重点群体创业担保贷款的支持力度。宽容创业失败，创业担保基金提供担保的贷款被认定为不良贷款的，贷款10

万元以下的，由担保基金全额代偿；贷款超过 10 万元的，由担保基金代偿 80%。受疫情影响未能及时偿还创业担保贷款的，借款人可在疫情解除后 30 日内恢复正常还款，并继续享受原有相关政策。（省财政厅、省人力社保厅、省地方金融监管局、人行杭州中心支行、浙江银保监局按职责分工负责）

（三）支持返乡入乡创业。年度新增建设用地计划指标优先保障县以下返乡创业用地，支持建设农民工返乡创业园、农村创新创业园和农村创新创业孵化实训基地。返乡入乡创业人员可与当地创业者同等享受住房、子女入学、就业创业等扶持政策。对农民工初次创业且正常经营 1 年以上的，可给予一次性创业补贴。（省发展改革委、省教育厅、省财政厅、省人力社保厅、省自然资源厅、省建设厅、省农业农村厅按职责分工负责）

（四）鼓励多渠道灵活就业。合理设定无固定经营场所摊贩管理模式，预留自由市场、摊点群等经营网点。允许电子商务、网络约车、网络送餐、快递物流等新业态企业，通过劳务外包、加盟协作等方式，吸纳更多劳动力就业，从业人员可按规定先行参加工伤保险。平台就业人员购置生产经营必需工具的，可申请创业担保贷款及贴息，实施期限为 2020 年 1 月 1 日至 12 月 31 日。（省财政厅、省人力社保厅、省市场监管局、人行杭州中心支行按职责分工负责）

资料来源：《浙江省人民政府办公厅关于进一步做好稳就业工作的实施意见》，http：//www. zj. gov. cn/art/2020/4/30/art_1229017139_66552. html。

（二）广东省

广东省是中国的南大门，处于南海航运枢纽位置上，是中国人口最多的省份，同时也是流动人口最多的省份。2022 年 10 月 13 日，《南方日报》指出，截至 2021 年，广东省就业人数 7072 万人，约占全国 1/10，农民工总量 4219 万人，其中广东省籍农民工 1919 万人，外省籍农民工 2300 万人，占全国跨省流动就业人口的 32.3%。广东省突出抓好高校毕业生、异地务工人员、退役军人、脱贫人口等重点群体就业，推进创业带动就业。打造"粤菜师傅""广东技工""南粤家政"三项工程金字招牌，2019 年以来累计培训 849 万人次，带动就业创业 275 万人次。

为了深入推进创新创业，2016 年广东省人民政府印发的《关于大力推进大众创业万众创新的实施意见》提出，支持返乡创业集聚发展，鼓励和引导更多有技术、有资本、会经营、懂管理的农民工等人员返乡创业，支持返乡创业人员因地制宜围绕休闲农业、农产品深加工、乡村旅游、农村服务业等开展创业，完善家庭农场等新型农业经营主体发展环境。广东省积极推进异地务工人员返乡创业活动，2016 年广东省人民政府办公厅印发《关于进一步支持异地务工人员等人员返乡创业的通知》，积极完善异地务工人员返乡创业的服务体系和加大政策扶持力度。为进一步完善就业政策，持续减轻企业负担，增强企业活力，促进扩大就业，2018 年广东省人民政府印发《广东省进一步促进就业若干政策措施》，明确将一次性创业资助标准提高到 1 万元，并将范围扩大到返乡创业人员，以更好地鼓励返乡创业。为统筹做好新冠疫情防控和经济社会发展工作，以更大力度实施好就业优先政策，多措并举促进各类群体就业，确保广东省就业大局稳定和经济社会持续健康发展，2020年广东省人民政府出台了《关于印发广东省进一步稳定和促进就业若干政策措施的通知》，提高返乡创业资助和实施返乡创业能力提升行动，持续推动广东省返乡创业发展。

广东省人民政府
关于印发广东省进一步稳定和促进就业
若干政策措施的通知（节选）

四、进一步鼓励创业带动就业

加大创业担保贷款及贴息政策实施力度，对符合条件的劳动密集型和科技型小微企业，给予最高 500 万元最长 3 年的担保贷款，按贷款基础利率的 50% 给予贴息。降低小微企业创业担保贷款申请条件，当年新招用重点扶持对象达到企业现有在职职工人数的比例下调为 20%，在职职工超过 100 人的比例下调为 10%。在有条件的地区建立信用乡村、信用园区、创业孵化示范基地推荐免担保机制。认真落实从失业保险滚存基金余额中提取资金用于创业担保贷款担保基金的措施。加大小微企业带动就业补贴落实力度。返乡创业人员成功创办初创企业且正常经营 6 个月以上的，给予 1 万元一次性创业资助。对在乡村经营驿道客栈、民宿、农家乐的创业者（经营主体），落实创业扶持政策。加快推进"1+12+N"港澳青年创新创业基地体系和各类创新创业载体建设。对疫情防控期间为承租的中小企业减免租金的创业孵化示范基地、示范园区，各地可给予一定运营补贴。继续实施返乡创业孵化基地一次性奖补政策。鼓励建设村（居）农村电商服务站点（平台），符合条件的按每个不超过 10 万元给予一次性补助。各地年度新增建设用地计划指标优先保障县以下返乡创业用地。初创企业经营者素质提升培训补助范围扩大至登记注册 5 年内有发展潜力企业的经营者，规模扩大至每年 1000 名左右。实施返乡创业能力提升行动。疫情防控期间，对已发放的个人创业担保贷款，借款人患新冠肺炎的，可向贷款银行申请展期还款，展期期限原则上不超过 1 年，财政部门继续给予贴息支持；因疫情影响经营受损，在疫情防控期间未能及时还贷的，借款人可在疫情解除后 30 天内恢复正常还款并继续享受贴息。（省人力资源社会保障厅、省工业和信息化厅、省财政厅、省自然资源厅、省农业农村厅、人民银行广州分行负责）

资料来源：《广东省人民政府关于印发广东省进一步稳定和促进就业若干政策措施的通知》，http：//www.gd.gov.cn/zwgk/wjk/qbwj/yf/content/post_2903650.html。

（三）山东省

山东省位于中国华东地区，属于沿海省份，既是人口大省，又是劳动力大省。随着山东营商环境不断优化、市场吸引力不断增强，大批在外打拼的山东人纷纷返回故乡，掀起一股返乡创业潮。"十二五"期间和"十三五"期间，山东突出就业优先，促进创业带动就业，着力扩容量、稳总量、提质量、防变量，多项工作走在了全国前列。山东省通过激发"归雁"活力，释放创业带动就业新动能。2022年8月31日，《齐鲁晚报》指出，山东省累计返乡创业农民工39.87万人，领办创办实体企业16.32万家，引进过亿元返乡创业项目323个，带动就业50余万人。

为应对2008年全球金融危机，2009年山东省人民政府办公厅印发《关于积极应对当前经济形势切实做好农民工工作的通知》，指出大力扶持失业返乡农民工创业和鼓励农民工返乡创业。为进一步鼓励和支持返乡下乡人员创业创新，推进农业供给侧结构性改革，促进农村三次产业融合，加快发展农业"新六产"，2017年山东省人民政府办公厅印发《关于支持返乡下乡人员创业创新促进农村一二三产业融合发展的实施意见》，强调明确创业支持对象、发展领域和方向，完善支持创业创新政策措施，搭建创业创新服务平台。"十三五"期间，山东加快建设具有鲜明山东特色的创业文化，实施"留学人员来鲁创业启动支持计划"，选树"山东大学生十大创业之星"、山东省"十大返乡创业农民工"，带动更多群体投身创业实践；实施乡创计划，建设乡创平台，支持各类群体返乡创业。面对新冠疫情，2020年山东省人民政府印发《关于积极应对新冠肺炎疫情做好稳就业工作的若干措施的通知》，指出紧盯创业创新，全力促进创业带动就业，不断深化农民工返乡创业。

山东省人民政府
印发关于积极应对新冠肺炎疫情做好稳就业
工作的若干措施的通知（节选）

五、紧盯创业创新，全力促进创业带动就业

14. 实施齐鲁乡创计划。把返乡入乡创业与新型城镇化建设、乡村振兴和脱贫攻坚等紧密结合，返乡入乡创业人员可在创业地与当地劳动者同等享受创业扶持政策。加强返乡入乡创业园、创业孵化基地、农村创新创业孵化实训基地等各类乡创平台建设，为返乡入乡创业人员提供低成本、多要素、便利化创业服务。各市、县（市、区）可结合返乡入乡创业人员需求，在省外和省内重点市设立返乡创业服务站，并根据服务效果，统筹创业带动就业扶持资金、就业补助资金等给予奖补。将返乡创业项目确需的新增建设用地纳入乡村振兴用地指标优先支持。（责任单位：省发展改革委、省人力资源社会保障厅、省财政厅、省农业农村厅、省自然资源厅）

15. 实施创业金服计划。创新金融产品和服务，加大返乡入乡创业企业金融支持，城商行、农商行县域吸收存款优先用于支持返乡入乡创业。鼓励各地设立高校毕业生（大学生）创业基金。降低小微企业创业担保贷款申请条件，当年新招用符合条件人员占现有职工比例下调为20%，职工超过100人的比例下调为10%。符合条件的个人借款人合伙创业或组织起来共同创业，可申请最高45万元创业担保贷款。建立信用乡村、信用园区、创业孵化示范载体推荐免担保机制。各地可根据政策实施情况、资金支撑能力，适当调整创业补贴申领条件。（责任单位：省人力资源社会保障厅、省财政厅、人民银行济南分行、山东银保监局、省地方金融监管局）

16. 实施创业引领计划。认定培育一批省级创业创新示范综合体，推动产业链、创新链、人才链、资金链、政策链"五链统筹"、深度融合。鼓励创业孵化基地（园区）、众创空间、科技企业孵化器在疫情防控期间降低或减免创业者场地租金等费用。对在疫情期间为承租的中小企业减免租金的省级创业孵化示范基地（园区）、省级人力资源服务产业园区，给予最长3个月的运营补贴，补贴标准为减免租金总额的30%，最高50万元，所需资金由省级创业带动就业扶持资金安排。（责任单位：省人力资源社会保障厅、省科技厅、省财政厅）

资料来源：《山东省人民政府印发关于积极应对新冠肺炎疫情做好稳就业工作的若干措施的通知》，http：//xm. shandong. gov. cn/art/2020/2/20/art_24617_8825294. html。

（四）安徽省

安徽省地处中国中部，不仅是农业大省，还是劳动力输出大省。根据《安徽省2020年国民经济和社会发展统计公报》，截至2020年末，全省农民工共1967.4万人，其中，外出农民工1342.1万人。根据2020年安徽省农业发展研究中心农民工回乡创业调查组调查结果可知，安徽省农民工返乡创业者多从事非农产业，就业多集中于第三产业，占比32.1%，第一产业和第二产业分别占比

28.3%和30.7%，调查对象就业部门不明确的占8.9%。根据农民工外出地区划分，安徽省就业的农民工占比38.9%，上升4.7个百分点；省外就业的农民工占比61.1%，降低4.7个百分点。安徽省的经济发展为农民工返乡创业提供了基础，但是仍然存在创业融资困难、专业人才缺乏、创业热情不高等问题，创业政策的实施效果有待进一步加强。同时，政策实施协同性不足、普惠程度不高等问题，使安徽省农民工返乡创业的发展面临一定程度的障碍。因此，实施针对性强的扶持政策，可以有效促进安徽省农民工返乡创业的发展。

为促进农民工返乡创业，2015年安徽省人民政府办公厅发布的《关于支持农民工等人员返乡创业的实施意见》明确指出，鼓励支持农民工等人员返乡创业，通过加大政策支持、完善服务体系、加强组织实施等带动返乡创业。为了进一步促进农民工返乡创业，《关于省级农民工返乡创业示范园建设管理工作的指导意见》表明，自2018年起，连续3年，每年建设农民工返乡创业示范园50个左右。2019年，安徽省人社厅、省发展改革委、省财政厅、省自然资源厅、省住建厅、省农业农村厅、中国银保监会安徽监管局、中国人民银行合肥中心支行等八部门联合印发的《关于进一步支持和促进农民工等人员返乡创业的通知》提出，支持建设150个左右省级农民工返乡创业示范园，给予每个园区120万元资金补助。在此政策基础上，农民工返乡创业条件不断提升，安徽省农民工返乡创业成效日渐显著。

关于进一步支持和促进农民工等
人员返乡创业的通知（节选）

一、强化政府引导

（一）加大规划引领力度。各级政府要研究制定支持和促进返乡创业工作规划，合理界定返乡创业人员范围，科学确定返乡创业的总体思路、发展方向、建设目标、重点任务、重点项目、保障措施，鼓励发展"一县一业、一乡一品"。建立激励机制和容错纠错机制，赋予县级政府更多自主权，支持县级政府结合实际引导返乡创业人员顺应产业梯度转移和转型升级趋势，发挥技术和经验优势，承接环境友好型、劳动密集型产业，延长产业链条，促进创新发展。（牵头单位：各市、县人民政府；配合单位：省发展改革委、省经济和信息化厅、省人力资源社会保障厅、省农业农村厅。以下任务分工均需各市、县人民政府负责组织落实，不再列出）

（二）加大乡情招商力度。利用商会、联谊会、驻外办事机构、劳务服务机构等资源，有条件的地区可在劳务输入集中地设立返乡创业工作站，建立健全在外创业就业人员信息库。结合"接您回家"活动，开展返乡创业集中推介。建立领导干部联系外出创业者、联系在外能人、联系返乡企业的工作机制，通过上门走访、定期联谊、现场办公等方式，形成人员回归、资金回流、项目回迁的良好局面。（牵头单位：省发展改革委；配合单位：省人力资源社会保障厅、省农业农村厅、省商务厅）

（三）加大政府支持力度。返乡创业人员引进项目、资金和技术的，按照招商引资相关政策给予优惠和奖励。返乡领办（创办）家庭农场（林场）、农民专业合作社、农业企业、农业社会化服务组织等新型农业经营主体和服务主体，经依法登记注册的，可按规定享受小微企业扶持政策。返乡创业企业回迁或购置新生产设备，且符合产业发展方向的，由县（区）级政府给予一定的设备补助。返乡创业企业自主建设或租赁厂房的，由县（区）级政府给予一定的厂房补助。对首次创业并正常经营 6 个月以上的返乡创业人员，带动 3 人以上就业且签订 1 年以上劳动合同的，由就业补助资金给予一次性 5000 元创业补贴；其中，对带动建档立卡贫困劳动者就业的，由就业补助资金按照每人 2000—3000 元再给予一次性补助。（牵头单位：省人力资源社会保障厅；配合单位：省财政厅、省农业农村厅、省市场监管局）

资料来源：《关于进一步支持和促进农民工等人员返乡创业的通知》，http：//hrss. ah. gov. cn/content/article/8417209。

（五）江西省

江西省位于中国中部地区，地理位置优越，完善的交通和良好的工业基础吸引了大批的返乡创业人员。根据《江西省 2020 年国民经济和社会发展统计公报》，2020 年江西省全省农民工总量为 1237.3 万人，比上年下降 1.6%。其中，本地农民工 420.2 万人，比上年下降 4.7%；外出农民工 817.1 万人，与上年基本持平。从返乡农民工创业类型来分析，江西省返乡农民工创业类型主要为家庭小工厂、小作坊、小卖店、小餐馆等，这些创业类型对资金、技术和管理的要求不高。

近年来，江西省积极推进返乡农民工创业工作，通过创业担保贷款等方式，为促进返乡农民工群体创业发挥了积极作用。2017 年，江西省人力资源和社会保障厅指出，全省新增发放创业担保贷款 130.59 亿元，直接扶持个人创业 8.7 万人次，带动就业 38.18 万人次。其中，全省扶持返乡农民工自主创业 1.3 万人次，发放创业担保贷款 11.8 亿元，带动就业 5.7 万人次。2020 年，江西省人民政府办公厅公布的《关于促进农村居民稳定增收的实施意见》强调，要加大返乡入乡人员创业扶持力度，利用好创业补贴政策与创业孵化基地，进一步激发返乡农民工创业热情，为返乡农民工创业提供基础保障。

江西省人民政府办公厅
关于促进农村居民稳定增收的实施意见（节选）

一、促进就业创业，提高农民工资性收入

（一）分类推进农村劳动力就业。对外出就业的，输出地主动加强与输入地对接，组织好疫情期间的"点对点、一站式"直达运输服务，帮助其安全返岗复工。对留在本地就业的，加强与本地企业用工需求精准对接，及时提供动态岗位信息，支持其多渠道灵活就业。对自主就业困难的，要积极开发乡村水管员、护路员、生态护林员、农田管护员、环卫保洁员等公益性岗位，帮助其实现就业。(省人力资源社会保障厅、省住房城乡建设厅、省农业农村厅、省自然资源厅、省水利厅、省交通运输厅、省扶贫办、省公安厅、省卫生健康委、省林业局,各市、县〔区〕人民政府负责〔以下各项均需各级人民政府落实,不再单独列出〕)

(二)积极引导返乡入乡人员创业。加大返乡入乡人员创业扶持力度,将符合条件的返乡入乡人员一次性创业补贴等支持政策落实到位,支持地方搭建一批返乡入乡创业园区、创业孵化基地等创业平台,支持返乡入乡人员从事贮藏保鲜、分级包装等农产品加工业,病虫害防治、代耕代种等生产性服务业,家政服务、社区零售等生活性服务业,电子商务、直播直销等新产业新业态。强化创业指导和服务,有条件的地区设立返乡创业"一站式"综合服务平台,建立返乡创业辅导机制。(省人力资源社会保障厅、省发展改革委、省农业农村厅、省商务厅按职责分工负责)

(三)深入挖掘农村内部就业潜力。建设一批现代农业产业园和农业产业强镇,培育一批农业产业化龙头企业,积极吸纳农民入企入园入镇务工。大力发展农产品分拣包装、冷藏保鲜、仓储运输、初加工等设施,把更多的就业岗位留在农村留给农民。农村人居环境整治各类工程,尽量安排农民投工投劳,鼓励村级组织和农村"工匠"带头人等承接小型工程项目。由政府购买服务的城乡一体化保洁和村庄公共基础设施日常管护等,允许和鼓励村民创办服务组织承接,优先就近就地雇用当地村民。(省农业农村厅、省住房城乡建设厅按职责分工负责)

资料来源:《江西省人民政府办公厅关于促进农村居民稳定增

收 的 实 施 意 见》，http：//www.jiangxi.gov.cn/art/2020/11/9/art_47902_2888274.html。

（六）四川省

四川省位于中国西南地区内陆，素有"天府之国"的美誉，良好的营商环境和独特的区位优势吸引了大量返乡创业人员，四川省返乡创业成绩斐然。四川省坚持把农民工作为重要的战略资源，把农民工工作作为重要的战略工程、重大的政治责任，摆在突出位置来抓，积极鼓励引导农民工返乡创业，发展壮大农民工经济，在全国率先将农民工纳入创业补贴政策范围。全省20个县（市、区）被国务院和相关部委评为全国双创示范基地和返乡创业试点县，数量居全国前列。四川省返乡创业农民工人数不断增加，四川省人力资源和社会保障厅数据显示，2020年末，四川省返乡创业农民工累计81.4万人，累计创办企业32.2万个，累计吸纳就业314.8万人，创业产值累计6475.9亿元。返乡创业农民工已经成为四川"大众创业、万众创新"时代大潮的主力军和推动乡村振兴的重要主体，"归雁经济"已成为稳定和促进四川经济发展的新引擎。

为做好农民工和农民企业家返乡创业工作，通过大众创业、万众创新使广袤乡镇百业兴旺，开创新型工业化和农业现代化、城镇化和新农村建设协同发展新局面，2015年四川省人民政府办公厅印发《关于支持农民工和农民企业家返乡创业的实施意见》，强调整合创业资源，完善扶持政策，优化创业环境，加快建立多层次多样化的返乡创业格局，进一步激发农民工和农民企业家返乡创业热情，创造更多就地就近就业机会。为进一步鼓励和支持四川省返乡下乡人员创业创新，加快推进四川省农村三次产业融合发展，2017年四川省人民政府办公厅印发《关于支持返乡下乡人员创业创新促进农村一二三产业融合发展的实施意见》，指出从支持返乡下乡人员创业创新、完善支持创业创新政策措施和加强农村创业创新组织领导三个方面着手。为进一步做好农民工、大学生和复员转业退役军人等人员返乡下乡创业工作，2018年四川省人民政府办公厅印发《促进返乡下乡创业二十二条措施》。在此措施下，四川省各地纷纷支持鼓励农民工返乡创业，推出"雁归天府　创赢未来"农民工和企业家返乡入乡创业项目并取得显著成绩。

四川省人民政府办公厅
关于印发促进返乡下乡创业二十二条措施的通知（节选）

　　一、返乡下乡领办（创办）家庭农场（林场）、农民合作社、农业企业、农业社会化服务组织等新型农业经营主体和服务主体，经依法登记注册的可按规定享受小微企业扶持政策。达到农业适度规模经营标准的，可按规定享受相关扶持政策。返乡下乡创业者引进项目、资金和技术的，按当地招商引资相关政策给予优惠和奖励。返乡下乡创业企业回迁或购置生产设备，且符合产业发展方向的，有条件的地方可给予一定补贴。（责任单位：农业农村厅、经济信息化厅、省林草局、省市场监管局、省经济合

作局、财政厅。列首位的为牵头单位，下同）

二、创新土地流转模式，鼓励承包农户依法采取转包、出租、互换、转让及入股等方式流转承包地。有条件的地方，可对返乡下乡创业者从事适度规模经营流转土地60亩以上的给予奖补，具体标准和补贴年限由各地政府确定。返乡下乡创业者流转土地开展粮食种植达到30亩以上的，按规定享受种粮大户补贴政策。（责任单位：农业农村厅、自然资源厅、财政厅、省林草局）

三、将村庄建设用地整治复垦腾退的建设用地指标用于保障返乡下乡创业等农村发展用地。完善农业农村新增建设用地保障机制，按不低于省上下达年度新增建设用地计划总量的8%予以单列，用于支持农村新产业新业态发展。其中，对从事森林康养、休闲农业和乡村旅游等业务的农业经营主体，其辅助设施建设用地可再增加3%。农林牧渔业产品初加工工业项目用地，可按不低于所在地土地等别相对应工业用地出让最低价标准的70%确定土地出让底价。将符合条件的返乡下乡创业者纳入城镇住房保障范围和住房公积金制度范畴，支持返乡下乡创业较为集中的开发区和产业园区因地制宜发展公租房。（责任单位：自然资源厅、住房城乡建设厅、农业农村厅、财政厅、省林草局）

四、鼓励建立返乡下乡创业农村电子商务服务平台，并由各地根据实际情况对场地租金和网络使用费等给予一定比例的补贴，补贴期限一般不超过3年。鼓励支持返乡下乡创业者从事养老服务工作、兴办养老机构，可享受养老服务业发展相关优惠政策。（责任单位：商务厅、财政厅、民政厅）

五、返乡下乡创业者开展农业、林木培育和种植、畜牧业、

渔业生产以及农产品初加工用电，按国家相关规定执行农业生产电价。（责任单位：省发展改革委、国网四川电力）

六、对提供创业孵化服务的创业园区（孵化基地），各地可根据入驻返乡下乡创业的项目数量和孵化效果，从就业创业补助资金中给予一定标准的奖补。（责任单位：人力资源社会保障厅、财政厅）

七、返乡下乡创业者符合贷款条件的，按不超过 10 万元发放创业担保贷款；合伙创业或组织起来共同创业符合条件的，贷款额度可适当提高。创办小微企业符合条件的，可给予最高额度不超过 200 万元的创业担保贷款。财政部门按规定对创业担保贷款贴息。积极开展信用乡村、信用园区建设，建立信用乡村、信用园区推荐免担保机制。返乡下乡创业者或其创办的企业经担保机构审核评估或信用乡村、信用园区推荐后，可以降低反担保门槛或取消反担保。（责任单位：人行成都分行、四川银保监局、省地方金融监管局、人力资源社会保障厅、经济信息化厅、科技厅、财政厅）

八、将省对 88 个贫困县（市、区）实施的返乡创业分险基金并入当地创业担保贷款担保基金。省财政对各地实施创业担保贷款分险奖补，对返乡下乡创业者创业担保贷款损失，按照各地担保基金实际分险金额的 50% 给予奖补，奖补资金全额用于补充各地创业担保贷款担保基金。（责任单位：财政厅、人力资源社会保障厅、人行成都分行、四川银保监局、省地方金融监管局）

九、加强政府设立的各类产业发展基金和投资基金对返乡下乡创业项目的支持。有条件的地方可通过财政出资引导社会资本投入，设立返乡下乡创业扶持基金，为创业者提供股权投资等服务。对在境内主板、中小板、创业板和境外资本市场首发上市融资的企业，以及在新三板、天府（四川）联合股权交易中心交易板挂牌的企业给予一次性费用补助。（责任单位：人力资源社会保障厅、经济信息化厅、省发展改革委、四川证监局、省地方金融监管局、科技厅、财政厅、商务厅、农业农村厅、省林草局）

十、财政部门按当年新发放返乡下乡创业者创业担保贷款总额的1%，奖励创业担保贷款工作成效突出的经办银行、创业担保贷款担保基金运营管理机构等单位，用于补助其工作经费。各地在分配奖励资金时，可对主要以基础利率或低于基础利率发放贷款的经办银行给予适当倾斜。（责任单位：财政厅、人行成都分行、四川银保监局、省地方金融监管局、人力资源社会保障厅）

十一、鼓励农村承包土地经营权、农民住房财产权、农村集体经营建设用地使用权（以下简称"三权"）抵押融资试点县（市、区）的创业者利用"三权"进行抵押贷款。支持创业者利用林权抵押贷款。支持符合条件的创业者利用林权抵押和土地流转收益保证贷款业务进行融资。（责任单位：人行成都分行、四川银保监局、省地方金融监管局、自然资源厅、农业农村厅、省林草局、财政厅、人力资源社会保障厅）

十二、鼓励保险公司以信用保证保险为载体，采取"政府+银行+保险"合作融资模式，为创业企业融资提供增信支持。保险公司可通过保单贷款等方式，为创业企业发展提供资金支持；农户和农业企业可通过农业保单质押等形式从金融机构获得贷款增信服务。鼓励保险机构积极开发地方特色农业保险品种，各地

可根据本地财力情况给予保险费补贴。（责任单位：四川银保监局、农业农村厅、财政厅、省林草局）

十三、依法落实国家促进创业的减税降费优惠政策。（责任单位：四川省税务局）

十四、对首次创业且正常经营 1 年以上的返乡下乡创业农民工、首次创办小微企业或从事个体经营且正常经营 1 年以上的就业困难人员以及符合条件的创业大学生，按规定从就业创业补助资金中给予一次性创业补贴。（责任单位：人力资源社会保障厅、财政厅）

十五、返乡下乡创业者创办的企业，招用贫困家庭劳动力签订 1 年以上劳动合同并为其缴纳社会保险费的，按招用人数给予企业 1000 元/人一次性奖补；招用就业困难人员签订 1 年以上劳动合同并为其缴纳社会保险费的，按规定给予企业岗位补贴和社会保险补贴；招用毕业年度高校毕业生签订 1 年以上劳动合同并为其缴纳社会保险费的，按规定给予社会保险补贴。补贴资金从就业创业补助资金中列支。（责任单位：人力资源社会保障厅、财政厅）

十六、符合条件的大学生返乡下乡创办企业吸纳就业，并按规定缴纳社会保险费的，按其吸纳就业（签订 1 年以上期限劳动合同）人数，给予创业吸纳就业奖励。具体标准为：招用 3 人（含 3 人）以下的，每招用 1 人奖励 2000 元，招用 3 人以上的，每增加 1 人奖励 3000 元，最高奖励总额不超过 10 万元。（责任单位：人力资源社会保障厅、财政厅）

十九、实施引才回乡工程，建立有效激励机制，以乡情乡愁吸引企业家、专家学者、技能人才等回乡服务。支持各地在返乡下乡创业集中地区设立专家服务基地，开展返乡下乡创业急需紧缺专业技术人才研修，深入推进科技特派员制度。深入实施"三支一扶"计划等高校毕业生基层服务项目，为返乡下乡创业提供技术和信息服务。服务期满且考核合格的高校毕业生，可通过考核方式聘用为服务地乡镇事业单位工作人员。返乡下乡创业企业招用的高层次人才，可参照当地人才引进政策给予支持。对为返乡下乡创业长期提供服务的专家，在项目申报、职称评聘、岗位聘用以及各类重点人才选拔培养奖励项目等方面给予适当倾斜。（责任单位：人力资源社会保障厅、教育厅、科技厅）

二十、依托各级公共就业服务机构，实施返乡下乡创业服务能力提升行动，建立创业服务平台，组建创业指导专家服务团队，开发创业项目库，开展创业大赛、创意大赛、创业大讲堂、创业训练营等活动，为创业者提供市场分析、创业咨询、项目推介、开业指导等创业服务。对创业失败的创业者按规定进行失业登记，及时提供就业服务；对符合就业困难人员条件的，提供"一对一"就业援助，按规定纳入社会保险和社会救助体系。（责任单位：人力资源社会保障厅、民政厅）

二十一、鼓励返乡下乡创业者建立就业创业社会组织。各地可使用就业创业补助资金，以政府购买服务的方式充分发挥社会组织力量，为创业者提供创业专业服务。（责任单位：人力资源社会保障厅、民政厅、财政厅）

二十二、按规定评选打造一批省级返乡下乡创业示范市（州）、示范县（市、区）、示范园（孵化园），并给予一定的资金奖励。按规定开展省级创业明星、创业实体评选表彰活动。符

合条件的创业者可按程序推荐为村干部及劳模候选人。（责任单位：人力资源社会保障厅、财政厅、民政厅、省总工会）

资料来源：《四川省人民政府办公厅关于印发促进返乡下乡创业二十二条措施的通知》，https：//www. sc. gov. cn/10462/c103046/2018/11/21/b1d2c7ce7ff94b84 a10ff73cd26d39ad. shtml。

（七）贵州省

贵州省通过实施"雁归兴贵"行动计划，加强部门协同，合力引导农民工返乡创业。2015 年，贵州省人民政府办公厅出台了《关于印发"雁归兴贵"促进农民工返乡创业就业行动计划的通知》，为农民工提供强有力的创业支持。贵州省对于回乡创业的扶持政策主要有三项：自主创业补贴、创业场所租赁补贴和创业担保贷款。贵州省人力资源和社会保障厅数据显示，"十三五"期间，累计引导 294.18 万名农民工返乡创业就业，完成目标任务150 万人的 196.12%。

贵州省人民政府办公厅

关于印发"雁归兴贵"促进农民工返乡创业

就业行动计划的通知（节选）

一、大力引导农民工返乡创业就业

——促进返乡农民工创业就业。按照大众创业、万众创新要求，建立完善促进农民工返乡创业就业长效机制，大力支持和引导农民工返乡创业、就近就业。到 2017 年，引导 75 万名农民工返乡创业就业；到 2020 年，累计引导 150 万名农民工返乡创业就业。

——促进返乡农民工增收致富。将农民工创业就业与新农村建设、小城镇发展、县域经济和现代高效农业发展结合起来，提高农民工收入水平，加快农村同步小康进程。

——促进返乡农民工创业就业能力提升。整合社会资源，创新培训机制，加大培训力度，以产业发展和劳动力市场的需求为导向，积极开展多种培训，不断提升返乡农民工创业就业能力。到 2017 年，组织开展各类培训 90 万人次；到 2020 年，累计组织开展各类培训 180 万人次。

——促进留守儿童困境儿童家庭劳动力返乡创业就业。动员社会力量，提供精准帮扶，引导留守儿童困境儿童家庭劳动力返乡创业就业。

——促进创业就业公共服务能力全面提升。健全覆盖城乡的公共创业就业服务体系，加强基层公共创业就业服务平台建设，健全服务网络，完善服务功能，建立农民工"一站式"服务窗口，为农民工返乡创业就业提供亲民、便民、贴心的服务。

资料来源：《贵州省人民政府办公厅关于印发"雁归兴贵"促进农民工返乡创业就业行动计划的通知》，http：//www.gov.cn/zhengce/2015-08/25/content_5057527.htm。

综上所述，各地十分重视返乡农民工创业问题，浙江省、广东省、山东省、安徽省、江西省、四川省以及贵州省人民政府都出台了相应的政策措施以支持返乡农民工创业，其中完善创业基础服务、利用好创业补贴政策以及激发返乡农民工创业热情在文件中均有体现。但由于各省份经济基础、社会发展程度以及发展目标存在差异，对返乡农民工的创业扶持政策具有一定的异质性。其中，浙江省人民政府坚持维护农民工劳动保障权益，以此深入推动返乡农民工创业；广东省人民政府积极推动"三项工程"，以助力返乡农民工创业；山东省人民政府围绕乡创平台建设推动返乡农民工创业；安徽省人民政府提出大力建设农民工返乡创业示范园；江西省人民政府加大返乡入乡人员创业扶持力度，为返乡农民工创业提供基础保障；四川省人民政府强调加快建立多层次多样化的返乡创业格局，以激发返乡农民工创业积极性；贵州省人民政府根据返乡农民工不同需求，采取差异性的扶持政策推动其创业。上述政策的实施，进一步完善了返乡农民工创业体系，在一定程度上激发了返乡农民工的创业热情。

第二节 返乡农民工创业培训状况

一 返乡农民工创业培训总体状况

（一）返乡农民工创业培训发展状况分析

为了进一步扎实推进返乡农民工创业工作，各地各部门针对返乡农民工都开展了形式丰富的创业培训。创业培训模式主要有以下几种。一是 SYB（Start Your Business）创业培训模式。这是国际劳工组织针对微（小）型企业创办者的需要而专门开发的一个培训项目。通过创业意识培训，衡量个人是否适合创办企业，并推动其拟订可行的创业计划。通过创业计划培训，促使创业者了解创业的各个环节和步骤，衡量创业活动能否开展。二是三段式培训模式。将整个创业培训过程分为理论学习阶段、咨询辅导阶段和后续扶持阶段这三个阶段。三是自创模式。各地结合实际需要，开发教学计划组织实施创业培训。四是远程创业培训模式。通过电视、网络等远程途径向创业者开展企业创办能力、市场经营素质等方面的培训。各部门通过以上四种创业培训模式，针对本地返乡农民工的创业特点，开展有针对性的创业培训。相关部门举办创业培训活动，并鼓励返乡农民工积极参与创业培训，这可以提升返乡农民工自身创业素质，提高其创业收入，稳定提升就业质量，有助于实现乡村振兴。创业培训的实施具有重大的现实意义，但现阶段的创业培训体系仍存在亟待完善之处。一是缺少创业培训的过程监督和后续追踪，没有形成完善的创业培训流程，缺乏培训成果的反馈；二是返乡农民工参与创业培训的热情有待进一步激发，主动参与创业培训的返乡农民工人数相对较少。通过创业培训提高农民工创业能力是培育乡村发展内生动力的重要途径，还需要进一步完善返乡农民工创业培训流程，持续推进返乡农民工创业培训体系建设。

（二）返乡农民工创业培训政策环境分析

2019 年，人力资源和社会保障部、财政部、农业农村部印发了《关于进一步推动返乡入乡创业工作的意见》，意见中明确返乡农民工创业培训工作旨在扩大培训规模、提升培训质量、落实培训补贴。

~~~~~~

人力资源社会保障部 财政部 农业农村部
关于进一步推动返乡入乡创业工作的意见（节选）

二、提升创业培训

（三）扩大培训规模。将有培训需求的返乡入乡创业人员全部纳入创业培训范围，依托普通高校、职业院校、教育培训机构等各类优质培训资源，根据创业意向、区域经济特色和重点产业需求，开展有针对性的返乡入乡创业培训。对返乡入乡创业带头人开展创业能力提升培训，充分发挥辐射和带动作用。

（四）提升培训质量。积极探索创业培训+技能培训，创业培训与区域产业相结合的培训模式，根据返乡入乡创业人员特点，开发一批特色专业和示范性培训课程。实施培训下乡"直通车"、农民夜校、远程培训、网络培训，推动优质培训资源城乡共享，提高培训的针对性、实用性和便捷度。探索组建专业化、规模化、制度化的创业导师队伍，发挥"师带徒"效应。

（五）落实培训补贴。对参加返乡入乡创业培训的农民工、建档立卡贫困人口、大学生和退役士兵等人员，按规定落实培训补贴。有条件的地方可按规定通过项目制方式购买培训项目，为符合条件的返乡入乡创业人员提供培训。各地可结合实际需要，对师资培训、管理人员培训、管理平台开发等基础工作给予支持。

资料来源：《人力资源社会保障部 财政部 农业农村部关于进

一步推动返乡入乡创业工作的意见》，http：//www.mohrss.gov.cn/SYrlzyhshbzb/jiuye/zcwj/chuangye/202001/t20200108 _ 352969.html。

二 返乡农民工创业培训扶持政策实施情况

（一）浙江省

2020 年，浙江省人力资源和社会保障厅关于印发的《农民工稳就业职业技能培训计划》指出，要加大返乡农民工创业的培训供给，提高其培训质量。通过给予财政补贴，以互联网、手机客户端等平台为载体，积极开展线上职业技能培训。《2020 年浙江省国民经济和社会发展统计公报》指出，2020 年浙江省共计开展农村实用人才和高素质农民培训 12.5 万人次，线上课程学习 450 万人次。

浙江省人民政府办公厅
关于进一步做好稳就业工作的实施意见（节选）

五、完善职业培训和就业服务

（一）大力提升劳动者职业技能。积极开展数字经济、高端装备制造等战略性新兴产业和传统产业转型升级技能培训，提高培训精准性。全面开展企业职工技能提升培训或转岗转业培训，支持出口企业提升职工技能水平，稳定职工队伍。加强校企合作，全面推行企业新

型学徒制。推广政府购买项目制培训做法，将线上培训纳入补贴范围。（省人力社保厅牵头，其他省级单位按职责分工负责）

（二）加强创业培训。鼓励开发新兴行业创业培训项目，建立本地化的创业培训目录，各地可对师资培训、课程开发、培训管理等工作给予补贴。开展返乡入乡创业带头人能力提升培训，按规定给予培训补贴。（省财政厅、省人力社保厅、省农业农村厅按职责分工负责）

（三）强化就业服务管理。建立登记失业人员分级分类服务制度，每月至少开展1次跟踪调查服务。开放线上失业登记，完善"一网通办""一证通办"功能，推进就业服务和补贴申领在线办理。事业单位、国有企业、政府投资项目岗位以及公益性岗位招聘信息，要在本单位网站和同级人力社保部门网站公开发布。推进就业经办系统省级集中，建立统一的就业监测平台，加强重点群体、重点行业、重点企业就业监测分析。（省人力社保厅牵头，其他省级单位按职责分工负责）

资料来源：《浙江省人民政府办公厅关于进一步做好稳就业工作的实施意见》，http：//www.zj.gov.cn/art/2020/4/30/art_1229017139_66552.html。

～～～～～～～～～～～～～～～～～～～～～～～～～～～

（二）广东省

广东省高质量推进"粤菜师傅""广东技工""南粤家政"三项工程，积极加强返乡创业培训。广东省人力资源和社会保障厅数据显示，2018~2021年广东省累计培训855万人次，带动就业创业

282万人次。早在2006年广东省人民政府就印发《关于进一步加强农民工工作的意见》，强调加快建立覆盖农民工创业服务和职业培训体系，明确提出实施"广东省农民工技能提升培训计划"。2016年，广东省人民政府办公厅印发《关于进一步支持异地务工人员等人员返乡创业的通知》，加大对异地务工人员返乡创业的培训和辅导力度。2020年，广东省人民政府办公厅印发《广东省促进退役军人就业创业的若干政策措施》，专门针对退役军人进行创业培训，指出通过广泛开展适应性培训、大力开展技能培训、支持退役军人提升学历、提高教育培训主体积极性等方面提升退役军人就业创业技能。2020年，广东省人民政府出台了《关于印发广东省进一步稳定和促进就业若干政策措施的通知》，将"广东技工""粤菜师傅""南粤家政"三大培训工程纳入省十件民生实事抓好抓实。

<hr>

广东省人民政府
关于印发广东省进一步稳定和促进就业
若干政策措施的通知（节选）

六、提升劳动者技术技能水平

将"广东技工""粤菜师傅""南粤家政"三大培训工程纳入省十件民生实事抓好抓实，实施"农村电商""乡村工匠"重点行动。支持广州、深圳建设国家产教融合型试点城市，建设培育100家以上产教融合型试点企业。制定职业教育重点专业建设规划，加快应用型本科院校转型发展。推进落实职业院校奖助学金调整政策，扩大高职院校奖助学金覆盖面，提高补助标准。推进职业教育、技工教育深化改革，推动技师学院纳入高等职业教育，加快高水平技师学院建设，推行校企双制办学，扶持建设一批省级重点专业和特色专业。实施十大重点群体职业技能提升工程，按规定落实职业培训补贴和生活费补贴。继续实施紧缺急需职业（工种）培训补贴标准最高上浮30%的政策。组织开展劳动预备制培训，按规定给予培训补贴和生活费补贴，实施期限至2020年12月31日。支持各类职业学校、技工院校和企业合作建设职工培训中心、企业大学和继续教育基地，有关培训课程与教材开发、教师授课等相关费用，按规定从职业培训收入中列支。实施新职业开发计划。开展建筑劳务用工制度改革，支持深圳做好新时期培育建筑产业工人队伍建设试点。（省人力资源社会保障厅、省发展改革委、省教育厅、省财政厅、省住房城乡建设厅、省总工会负责）

资料来源：《广东省人民政府关于印发广东省进一步稳定和促进就业若干政策措施的通知》，http://www.gd.gov.cn/zwgk/wjk/qbwj/yf/content/post_2903650.html。

（三）山东省

山东省始终强调，加强农民职业技能培训，提高农民职业技能水平，是全面推进乡村振兴的必然要求。山东省人民政府网数据显示，2020年，山东省开展职业技能培训287.98万人次，超额完成国家下达的年度培训计划；支出各类职业培训补贴24.12亿元，其中职业技能提升行动专账资金23.38亿元，完成国家下达资金使用指导计划的 107.74%；累计组织农村转移就业劳动者职业技能培训 65.26 万人次，为乡村振兴提供了人才支撑和保障。

为应对 2008 年全球金融危机，2009 年山东省人民政府办公厅印发《关于积极应对当前经济形势切实做好农民工工作的通知》，指出要强化农民工技能培训、突出做好农民工创业培训和加强农民工职业教育。2017 年，山东省人民政府办公厅印发的《关于支持返乡下乡人员创业创新促进农村一二三产业融合发展的实施意见》进一步强调，加强返乡下乡人员创业培训。2020 年，山东省人民政府印发的《关于积极应对新冠肺炎疫情做好稳就业工作的若干措施的通知》进一步指出，紧盯能力提升，全力加强职业教育和职业培训。

山东省人民政府
印发关于积极应对新冠肺炎疫情做好
稳就业工作的若干措施的通知（节选）

四、紧盯能力提升，全力加强职业教育和职业培训

11. 实施职业技能提升行动。聚焦就业重点群体、齐鲁特色产业、市场急需工种，深入实施职业技能提升行动，鼓励支持更多劳动者参加培训。开展"鲁菜师傅"、家政服务等特色培训，实施高危行业领域安全技能提升行动。支持各类企业和职业院校（技工院校）合作建设职工培训中心、企业大学和继续教育基地。将 20 岁以下有就业意愿的登记失业人员纳入劳动预备制培训范

围。支持互联网平台企业开展"互联网+职业培训"，引导劳动者灵活安排时间参加线上培训。支持企业自主开展在岗职工职业技能培训。鼓励职业院校（技工院校）利用师资和实训资源开展职业技能培训。（责任单位：省人力资源社会保障厅、省财政厅、省教育厅、省商务厅、省应急厅）

12. 实施技能兴鲁行动计划。广泛开展岗位练兵，支持举办"技能兴鲁"职业技能大赛省级重点赛事，对列入省级一类、二类职业技能竞赛的，给予一定赛事补贴。遴选建设一批省级企业技能名师工作站，开展带徒传技、技能攻关、技艺传承、技能推广等活动。编制《山东省急需紧缺技能人才目录》，开展紧缺技师培养行动，打造金蓝领培训品牌。在规模以上企业推行企业技能人才自主评价，引导企业将自主评价结果与人才使用、薪酬待遇挂钩。新（扩）建一批省级高技能人才公共实训基地。（责任单位：省人力资源社会保障厅、省财政厅）

13. 建设职业教育创新发展高地。建立职业教育和普通教育并重、纵向贯通和横向融通并行的职业教育制度。建立专业布局动态调整机制，健全人力资源统计、市场预测、供求信息发布制度，持续调整优化技能人才培养结构，满足社会对技能人才的需求。按照多元化投入、市场化运作、企业化管理方式，每个市至少建设一个共享性的大型智能（仿真）实习实训基地，提升人才技能水平。（责任部门：省教育厅、省发展改革委、省工业和信息化厅、省财政厅、省人力资源社会保障厅，各市政府）

资料来源：《山东省人民政府印发关于积极应对新冠肺炎疫情做好稳就业工作的若干措施的通知》，http：//xm. shandong.

gov. cn/art/2020/2/20/art_24617_8825294. html。

（四）安徽省

安徽省高度重视创业培训工作，连续出台相关政策并进行广泛宣传。2019年，安徽省人力资源和社会保障厅、安徽省发展和改革委员会、安徽省财政厅等八部门发布的《关于进一步支持和促进农民工等人员返乡创业的通知》明确指出，将有培训需求的返乡创业人员全部纳入职业技能提升行动中，积极提升返乡农民工创业能力。2020年，安徽省人力资源和社会保障厅发布的《关于实施安徽省农民工稳就业职业技能培训计划的通知》强调，将职业技能培训作为支持农民工返乡创业的重要抓手，通过实施"创业江淮·未来新徽商"特训营项目、开设农村创新创业致富带头人特训营班，为农村创新创业致富带头人提供高层次管理进修培训，提升返乡农民工创业意愿，增强其创业能力。安徽省人力资源和社会保障厅指出，2008~2010年，安徽省先后建立农民工创业园350个，财政部门给予每个园区150万元的创业资金扶持。从2016年以来，安徽省各地共投资3亿元用于建设农村职业培训基地、购置实训设备，培训返乡人员100多万人次。同时通过财政补贴方式，鼓励社会资本投资建设孵化基地，累计建设民营孵化基地100余个。截至2020年，安徽省已经建设实训基地110个。近年来，安徽省不断完善创业引导扶持政策，吸引大批农民工开展返乡创业活动。通过一系列的政策支持，安徽省返乡农民工参与创业培训人数不断增加。

关于进一步支持和促进农民工等人员返乡创业的通知（节选）

四、强化创业服务

（十）加强创业培训。将有培训需求的返乡创业人员全部纳入职业技能提升行动，对接创业意向和重点产业发展需要，开展针对性创业培训，使每位有意愿的创业者都能接受一次创业培训，由就业补助资金给予100—1300元创业培训补贴。对具有发展潜力和示范作用的返乡创业带头人，依托普通高校、职业院校（技工院校）、优质教育培训机构、专业技术协会，通过购买服务开展创业能力提升培训，所需资金由就业补助资金列支。（牵头单位：省人力资源社会保障厅；配合单位：省教育厅、省经济和信息化厅、省财政厅、省农业农村厅）

（十一）提升服务能力。实施返乡创业服务能力提升行动，制定创业公共服务项目清单和服务指南，设立返乡创业服务窗口，提供返乡创业服务。充分发挥安徽省创业服务云平台作用，有条件的市、县（区）可结合本地实际，向返乡创业人员发行电子创业券。组建企业家、创业成功人士、退休经理人、专业技术人员及政府工作人员组成的创业服务志愿团，为返乡创业人员提供结对帮扶、巡回辅导。运用就业补助资金购买专业化服务，开展返乡创业大赛、创业创新创意大赛、创业大讲堂、创业训练营、返乡创业产品交流会等推进活动，为返乡创业人员提供开业指导、信息咨询、融资服务、跟踪扶持等创业服务。（牵头单位：省人力资源社会保障厅；配合单位：省经济和信息化厅、省财政

厅、省农业农村厅）

资料来源：《关于进一步支持和促进农民工等人员返乡创业的通知》，http：//hrss.ah.gov.cn/content/article/8417209。

（五）江西省

为解决返乡农民工创业规模较小、进入行业门槛较低、农民工创业素质和专业技能不高、创业观念较为落后等问题，江西省采取了多种措施，开展创业培训活动。2015 年，江西省人民政府办公厅发布的《关于支持农民工等人员返乡创业的实施意见》明确指出，将农民工等人员职业技能培训、技能提升培训、创业培训列入政府购买培训成果的内容，并支持企业开展自主培训活动，按规定给予培训补贴。2020 年，江西省人民政府办公厅发布的《关于促进农村居民稳定增收的实施意见》提出，组织有培训意愿、务工需求的农村劳动力参加线上或线下职业技能培训，鼓励重点企业联合培训机构开展技能培训，同时根据返乡农民工自身特征，分类开展灵活多样的职业技能培训。对有创业意愿并具备一定条件的农民工，组织开展专业创业培训。江西省财政厅、省人社厅从失业保险基金结余中安排 18 亿元支持职业技能提升行动，对在岗农民工、农村转移劳动者等人员进行培训，2020 年共支出 3.5 亿元、培训 45.78 万人次，培训后实现就业创业 11.48 万人次。江西省还积极利用网络技术，开展网上技能培训，丰富培训形式。①

江西省人民政府办公厅
关于促进农村居民稳定增收的实施意见（节选）

（四）切实强化农民技能培训。组织有培训意愿、务工需求的农村劳动力，参加线上或线下职业技能培训，鼓励重点企业联合培训机构开展技能培训，提高农民外出务工技能。加强农民返乡创业培训，将有培训需求的返乡创业人员全部纳入培训范围，并按规定落实好培训补贴。扎实推进"一村一名大学生工程"，积极推广泰和县"田教授"模式，实施好高素质农民培训和创业致富带头人培训等项目。（省农业农村厅、省人力资源社会保障厅、省扶贫办按职责分工负责）

（六）推动乡村产业高质量发展。深入推进农业产业结构调整"九大工程"、农产品加工业"七大行动"、现代种业提升工程、高标准农田建设工程、"生态鄱阳湖·绿色农产品"品牌培育计划、农产品冷链物流设施建设等，用好现有政策，弥补政策短板，优化产业结构，通过产业高质量发展带动农民增收。积极发展新型农村家庭手工业，支持发展以来料加工为主体、以手工制作为特色的零排放、低能耗家庭手工业。鼓励引导乡村+文化和旅游、科普教育、健康养生、信息技术、商贸服务等产业深度融合，发展乡村休闲旅游、乡村民宿、研学康养、创意农业等，

---

① http://jx.people.com.cn/n2/2021/0810/c190260-34861394.html.

推动农村一二三产业融合发展，实现农村消费扩容升级，把农业产业链的增值收益、就业岗位尽量留给农民，开辟农民增收新渠道。（省发展改革委、省农业农村厅、省文化和旅游厅、省教育厅、省卫生健康委按职责分工负责）

资料来源：《江西省人民政府办公厅关于促进农村居民稳定增收的实施意见》，http：//www.jiangxi.gov.cn/art/2020/11/9/art_47902_2888274.html。

（六）四川省

为进一步提高农民工整体就业技能和素质，四川省强调，力争用五年时间，对有培训意愿的农民工轮训一遍，做到培训全覆盖。结合新型行业职业特点，制定培训标准、拓展培训内容，试点开展新型职业农民培训特别是农民职业经理人培训。加大扩区域培训力度，在省外劳务输出较为集中的地区，与当地合作开展定向培训、订单培训、岗前培训。规范培训市场和技术认证机构，打造门类齐全、定位清晰、需求导向、规范有序、高质高效的劳务培训市场。

大力实施农民工技能培训，推行"互联网+"、新型企业学徒制培训模式，依托四川农民工服务网和手机 App 培训功能，着力拓展培训渠道。组织实施新型职业农民培育行动、农民工职业技能提升计划、农村青年电商培育工程等专项培训计划，对符合条件的参训人员给予培训补贴，不断提升广大返乡创业者技能水平和经营能力。以高素质农民培训项目实施为依托，鼓励各地立足现代农业产业发展实际,将符合条件的返乡农民工纳入高素质农民培训对象,并结合返乡农民工参训需求,开展有针对性的培训,提升其农业从业技能和经营管理水平,提高生产效益。四川省人力资源和社会保障厅数据显示,2020 年,四川省累计开展劳务品牌培训 23.6 万人次,返乡创业培训 7.3 万人次,其中建筑业农民工培训 17.6 万人次。

四川省人民政府办公厅
关于印发促进返乡下乡创业二十二条措施的通知 (节选)

十七、实施返乡下乡创业培训专项行动和创业带头人培养计划,根据返乡下乡创业者特点和创业不同阶段的需求,依托符合条件的普通高校、职业院校(含技工院校)、培训机构,分类组织开展创业培训或创业提升培训,使每位有意愿的创业者都能接受一次政府补贴的创业培训或创业提升培训。创业者或创业企业管理者参加创业培训和创业提升培训,取得培训合格证书的,按规定从就业创业补助资金中给予培训补贴。(责任单位:人力资源社会保障厅、财政厅)

十八、支持返乡下乡创业企业创建技能大师工作室,对成功创建国家级和省级技能大师工作室的,按规定从就业创业补助资金中分别一次性给予 10 万元、30 万元经费补助。支持新型职业农民通过弹性学制在中高等农业职业学校接受教育,推广校企合作、订单培训、定向培训,注重职业素养、实用技术等培养,培育适应返乡下乡创业需求的知识型、技能型、创新型劳动者。将返乡下乡创办的新型农业经营主体纳入引智成果示范推广项目范围,对符合条件的从引智专项资金中给予补助(责任单位:人力

资源社会保障厅、教育厅、科技厅、农业农村厅）

资料来源：《四川省人民政府办公厅关于印发促进返乡下乡创业二十二条措施的通知》，https：//www.sc.gov.cn/10462/c103046/2018/11/21/b1d2c7ce7ff94b84 a10ff73cd26d39ad.shtml。

（七）贵州省

贵州省积极开展培训活动，改进培训方式，实施农民全员培训三年行动计划和职业技能提升行动，采取实训短训、以工代训和线上培训等培训形式，提升农村劳动力素质。《贵州省 2020 年人力资源和社会保障事业统计公报》显示，2020 年，全省完成农民综合素质提升培训 1273.08 万人次，完成农村劳动力技能培训 87.19 万人次，实现就业创业的人数为 60.13 万人，就业率达到 72.9%，完成职业技能提升培训 108.22 万人次。贵州省人民政府网数据显示，"十三五"期间，贵州省各级各部门完成农村劳动力培训 352.73 万人次，完成目标任务 180 万人次的 195.96%。

贵州省人民政府办公厅

关于印发"雁归兴贵"促进农民工返乡创业

就业行动计划的通知（节选）

三、提升农民工返乡创业就业能力

（一）大力开展创业培训。紧密结合返乡农民工创业特点和需求，整合现有培训资源，开展创业意识教育、创业项目指导和企业经营管理等创业培训。对有创业意愿、具备一定创业条件的返乡农民工，可到人力资源社会保障部门认定的职业培训机构参加 GYB（产生你的企业想法）和 SYB（创办你的企业）等创业培训，按规定给予培训补贴。实施"国家中小企业银河培训工程"和"贵州省中小企业星光培训工程"，开展返乡农民工创业辅导培训。（牵头单位：省人力资源社会保障厅、省经济和信息化委；责任单位：各市〔州〕人民政府、贵安新区管委会、各县〔市、区、特区〕人民政府）

（二）着力开展农民工专项培训。实施"春潮行动"农民工职业技能提升计划，对农村初高中毕业生无升学愿望的，开展劳动预备制培训，对在岗农民工开展岗位技能提升培训，对具备中级以上职业技能的农民工开展高技能人才培训，将农民工纳入终身职业培训体系，每年培训 13 万人次，确保有就业和培训愿望的农民工接受至少一次创业就业培训。实施创新职教培训扶贫"1户1人"行动计划，到 2017 年实现全省农村建档立卡贫困户"1户1人1技能"全覆盖，确保"培训1人、就（创）业1人、脱贫1户"。实施"农业科技成果转移培训"，帮助农民工掌握最新现代农业生产的新技能、新方法。实施"农民培训"，培育生产经营型、社会服务型、专业技能型的现代农业从业者。（牵头单位：省人力资源社会保障厅、省扶贫办、省科技厅、省农委；责任单位：省总工会、团省委、省妇联，各市〔州〕人民政府、贵安新区管委会、各县〔市、区、特区〕人民政府）

（三）全力加强职业教育。实施教育"9+3"计划和基本普及十五年教育，具有初中以上学历的农民工，可免试就读省内中职学校，实行注册入学制，全部纳入免学费范围。对符合中职国家助学金政策的，可享受每生每年 2000 元的助学金补助。具有高中以上学历的农民工，可参加高职院校自主招生考试并择优录取。在清镇职教城、贵安新区等产业集中度高的职业教育集中区域，建设改造一批以高级技能培训为主的职业技能实训基地，创造条件建设高技能人才实训基地。支持返乡创业培训实习基地建设，动员有条件的企业为返乡人员提供创业见习、实习和实训服务，加强与东部地区对口协作，组织返乡农民工到东部企业培训学习。（牵头单位：省教育厅、省人力资源社会保障厅；责任单位：各市〔州〕人民政府、贵安新区管委会、各县〔市、区、特区〕人民政府）

资料来源：《贵州省人民政府办公厅关于印发"雁归兴贵"促进农民工返乡创业就业行动计划的通知》，http：//www.gov.cn/zhengce/2015-08/25/content_5057527.htm。

~~~~~~

第三节　返乡农民工创业基本情况
——基于调研数据的分析

一　数据来源

为深入了解现阶段返乡农民工创业培训扶持政策的实施效果，2019 年本课题组联合全国 15 所高校和科研单位在读学生，赴国家发展改革委等部门联合发布的全国返乡创业试点地区进行了实地调研。被调查对象为返乡创业的农民工，调查时间在创业者所创办企业的工商营业执照有效期内。调查问卷主要分为两部分：第一部分为被调查对象的基本信息；第二部分为返乡创业培训政策满意度，其中包含返乡创业前与返乡创业后共两期的有关问题。通过被调查对象对返乡创业前后问题回答的一致性，对调查问卷进行逻辑上的检查、修正和删除。对于部分问卷出现的极个别问题回答缺失的情况进行分析，以是否影响绩效评价为原则进行样本的保留或删除。本次调查共发放问卷 6000 余份，回收问卷 3120 份。在对所有样本进行上述标准筛查后，回收有效问卷 2082 份，占回收问卷的 66.73%。

二　返乡农民工基本信息

（一）性别、年龄及婚姻状况

表 3-1 统计了此次调查有效样本中返乡农民工的性别、年龄及婚姻状况。从性别来看，在 2082 名返乡农民工中，男性人数为 1472 人，占总体的 70.7%，而女性占 29.3%；从年龄结构上分析，年龄分布在 33 岁及以下的返乡农民工占 22.7%，其余都为年龄大于 33 岁的返乡农民工，比重为 77.3%；根据婚姻状况统计，2082 名返乡农民工中，已婚有子女的占绝大多数，占总体的 87.8%，未婚的占 6.7%，已婚尚无子女的占 3.2%，离异、丧偶的数量最少，占 2.2%。

表 3-1　性别、年龄及婚姻状况统计

指标	类别	频数（人）	比重（%）
性别	男	1472	70.7
	女	610	29.3
年龄	33 岁以上	1610	77.3
	33 岁及以下	472	22.7
婚姻状况	未婚	140	6.7
	已婚尚无子女	67	3.2
	已婚有子女	1829	87.8
	离异、丧偶	46	2.2

（二）文化程度

调研发现，返乡农民工的文化程度集中在初中和高中，比重分别为33.3%和21.9%，中专、技校所占比重为10.2%，大专所占比重为17.8%，本科所占比重为11.0%，研究生及以上所占比重为0.6%，未上过学的人数量最少，所占比重仅为0.3%（见图3-1）。

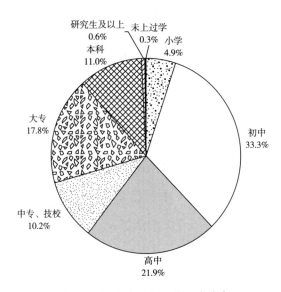

图 3-1　返乡农民工文化程度分布

三　返乡农民工创业企业情况

（一）创业企业基本情况

本小节主要对企业竞争能力、企业性质以及企业收入稳定性这三种基本情况进行说明。在样本数据中，企业竞争能力集中在一般以及比较强上，分别占比 39.1% 和 37.9%；以独立创业为主的企业占据所有创办企业数量的 71.4%，合伙企业仅占 28.6%；大部分返乡创业企业收入稳定，比重为 65.3%（见表 3-2）。

表 3-2　创业企业基本情况统计

指标	项目	频数（人）	比重（%）
企业竞争能力	非常强	306	14.7
	比较强	790	37.9
	一般	815	39.1
	不强	159	7.6
	很不强	12	0.6
企业性质	合伙	596	28.6
	独立	1486	71.4
企业收入稳定性	稳定	1359	65.3
	不稳定	723	34.7

（二）返乡农民工创业企业收入情况

调研发现，返乡农民工创业企业收入主要集中在 0~20 万元，所占比重为 59.1%，在 20 万~40 万元的比重为 16.3%，300 万~

500 万元和 500 万~1000 万元所占比重均为 1.0%，1000 万元以上的比重仅为 0.9%（见表 3-3）。

表 3-3　返乡农民工创业企业收入情况

创业企业收入	频数（人）	比重（%）
0~20 万元	1231	59.1
20 万~40 万元	339	16.3
40 万~60 万元	145	7.0
60 万~100 万元	133	6.4
100 万~300 万元	117	5.6
300 万~500 万元	21	1.0
500 万~1000 万元	20	1.0
1000 万元以上	19	0.9
还没赚钱	57	2.7

（三）返乡农民工创业积极性及创业培训参与情况

创业积极性和创业培训参与情况都体现了返乡农民工进行返乡创业活动的主动性。经调查发现，参加过创业培训的人数为 851 人，所占比重为 40.9%，没参加过创业培训的人数为 1231 人，所占比重为 59.1%；在创业积极性方面，返乡农民工积极性为一般和比较高的分别占比 45.5% 和 27.6%（见表 3-4）。

表 3-4　返乡农民工创业积极性及创业培训参与情况统计

指数	类别	频数（人）	比重（%）
是否参加	参加过	851	40.9
	没参加过	1231	59.1
积极性	非常高	240	11.5
	比较高	575	27.6
	一般	947	45.5
	不高	278	13.4
	很不高	42	2.0

第四章　返乡农民工创业扶持
政策绩效评价

　　党的十九大报告提出要实施乡村振兴战略，"支持和鼓励农民就业创业，拓宽增收渠道"，"大规模开展职业技能培训，注重解决结构性就业矛盾，鼓励创业带动就业"。返乡创业不仅可以提高农民收入、解决农民就业问题，还能推动农村地区经济发展，是农民工减贫和缓解就业问题的有效途径。中国政府网数据表明，2020年全国各类返乡入乡创业创新人员累计已达1010万人。由于缺乏必要的管理经验、经营资金，返乡农民工创业过程中存在多重挑战，需要政府给予政策方面的扶持。[①] 近年来，国务院及相关部委出台了一系列政策文件以支持返乡农民工创业，如2015年国务院办公厅印发的《关于支持农民工等人员返乡创业的意见》（国办发〔2015〕47号），2019年人力资源和社会保障部、财政部、农业农村部印发的《关于进一步推动返乡入乡创业工作的意见》（人社部发〔2019〕129号），2020年国家发展改革委等19个部门联合印发的《关于推动返乡入乡创业高质量发

---

　　① 彭安明、朱红根：《农民工返乡创业政策扶持体系构建研究》，《江西农业大学学报》（社会科学版）2013年第2期，第204~208页。

展的意见》（发改就业〔2020〕104号），等等。政策是否得到有效宣传推广、返乡创业农民工对政策了解程度如何、返乡创业农民工是否有效利用相关政策、对政策的满意度评价如何等都关系到返乡农民工创业工作的推进。基于此，细致评估返乡农民工创业扶持政策的绩效，不但可以帮助政策制定者深入了解当前政策宣传推广、落实情况，而且有利于发现政策实施过程中存在的不足，为完善优化返乡农民工创业扶持政策提供参考与借鉴。本书基于绩效评价理论，系统梳理返乡农民工创业的相关扶持政策，从政府工作完成度和政府工作满意度绩效评价指标体系入手，构建科学合理的返乡农民工创业扶持政策绩效评价指标体系，对返乡农民工创业扶持政策绩效进行评价，并在此基础上就进一步完善返乡农民工创业扶持政策提出建议。

国外学者比较关注政府政策对创业的影响。Fonseca等研究表明，政府颁布实施的政策对创业人员的动机和创业活动产生至关重要的影响，由于不同国家间的创业成本有差异，创业行为在建立企业所需成本较高的国家中更受限制。[1] Hawkins指出，创业培训指导及信息咨询服务等可以增强创业意愿。[2] Blanchflower发现，实施一定程度优惠的财税政策能够提高人们的创业倾向，激励更多有创业意愿的人选择创业。[3]

国内学者对返乡农民工创业扶持政策的研究集中在三个方

[1] Fonseca, R., Lopez-Garcia, P., Pissarides, C. A., "Entrepreneurship, Start-Up Costs and Employment." *European Economic Review*, 2001, 45 (4-6): 692-705.

[2] Hawkins, D. I., "New Business Entrepreneurship in the Japanese Economy." *Journal of Business Venturing*, 1993 (2): 137-150.

[3] Blanchflower, D. G., "Self-Employment in OECD Countries." *Labour Economics*, 2000, 7 (5): 471-505.

面。一是返乡农民工创业扶持政策对创业绩效的影响。返乡农民
工创业扶持政策通过推动创业企业顺利取得各种要素资源影响其
创业绩效。朱红根基于江西省返乡创业农民工问卷调查数据进行
实证分析发现，政策资源获取对创业初始阶段的企业绩效产生重
要影响，但是对于达到一定创业程度的企业的绩效影响不大。①
赵德昭通过对湖南、甘肃两省的返乡创业农民工样本数据进行实
证分析发现，得到政府资助和银行贷款的返乡创业农民工取得较
高创业经营绩效的可能性更大。② 戚迪明和刘玉侠根据浙江省返
乡农民工样本的研究表明，创业扶持政策能够有效提升返乡农民
工创业的绩效。③ 王轶和陆晨云的研究表明，税收减免、贷款担
保、用地优惠及产业扶贫对创业企业绩效的提高有明显作用。④
二是创业扶持政策对返乡农民工创业决策的影响。陈文超认为在
政府给予的政策支持力度较小时，优惠政策对返乡农民工创业的
激励作用不明显，只有在支持力度较大时优惠政策才能对返乡农
民工创业的积极性产生实质性作用。⑤ 张立新等利用结构方程模
型对农民工返乡创业意愿的影响因素进行研究，结果表明政策环

① 朱红根：《政策资源获取对农民工返乡创业绩效的影响——基于江西调查数据》，《财贸研究》2012年第1期，第18~26页。
② 赵德昭：《农民工返乡创业绩效的影响因素研究》，《经济学家》2016年第7期，第84~91页。
③ 戚迪明、刘玉侠：《人力资本、政策获取与返乡农民工创业绩效——基于浙江的调查》，《浙江学刊》2018年第2期，第169~174页。
④ 王轶、陆晨云：《财税扶持政策何以提升返乡创业企业经营绩效？——基于全国返乡创业企业的调查数据》，《现代财经（天津财经大学学报）》2021年第6期，第56~72页。
⑤ 陈文超：《诱致性变迁下的中国农村发展——读墨菲〈农民工改变中国农村〉》，《中共福建省委党校学报》2014年第11期，第51~56页。

境支持正向影响返乡农民工的创业意愿。[①] 张若瑾对四川、河南两省返乡创业农民工进行问卷调查，发现相较于创业补贴政策，小额创业贷款政策更能提升农民工的创业意愿。[②] 三是创业扶持政策满意度的影响因素分析。研究影响返乡农民工创业扶持政策满意度的因素可以为政府部门实施创业扶持政策提供方向参考和决策依据。朱红根等发现，简化工商登记评价、信贷扶持评价、信息咨询评价、税收减免评价等会对农民工返乡创业政策的满意度产生直接影响。[③] 方鸣和詹寒飞以中西部返乡农民工为样本，认为返乡农民工的个体特征、家庭特征、技能和创业培训经历是影响返乡农民工对创业培训政策满意度的重要因素，同时其影响程度存在次序性。[④]

综上所述，学术界对返乡农民工创业扶持政策的研究视角广阔、主题多元，为本书提供了重要的借鉴与参考。较之于现有研究文献，本书的边际贡献主要体现在以下两个方面。第一，样本数据来源于全国返乡创业试点地区，克服了现有研究立足于单一省份的地域局限性，样本区域更为全面，研究更具代表性。此外，针对不同规模企业的创业扶持政策绩效进行对比分析，有利于政府针对不同规模返乡创业企业出台相应个性化的扶持政策。

---

① 张立新、林令臻、孙凯丽：《农民工返乡创业意愿影响因素研究》，《华南农业大学学报》（社会科学版）2016 年第 5 期，第 65~77 页。

② 张若瑾：《创业补贴、小额创业贷款政策对回流农民工创业意愿激励实效比较研究——一个双边界询价的实证分析》，《农业技术经济》2018 年第 2 期，第 88~103 页。

③ 朱红根、陈昭玖、张月水：《农民工返乡创业政策满意度影响因素分析》，《商业研究》2011 年第 2 期，第 143~148 页。

④ 方鸣、詹寒飞：《返乡农民工对创业培训政策满意度的影响因素分析》，《财贸研究》2016 年第 6 期，第 54~59 页。

第二，综合运用层次分析法和模糊综合评价法得出绩效评分以及评价等级，解决了定性指标的模糊评价问题，使绩效评价结果更为客观。此外，还结合象限图对返乡农民工创业扶持政策绩效评价指标体系指标层的各指标"重要度-绩效"展开分析，进一步厘清了现行返乡创业扶持政策的实施状况。

第一节 研究设计、数据来源及指标构建

一 研究设计

（一）问卷设计

由于现阶段各地区在返乡农民工创业扶持政策执行考核标准上存在差异，且现有文献对返乡农民工创业扶持政策绩效评价体系的研究相对缺乏，为保证研究的科学性，本章在设计问卷内容时，一方面查阅并整理国家层面以及各地区出台的有关返乡农民工创业的政策、法规和文件，梳理相关理论，厘清返乡农民工创业扶持政策绩效评价影响因素；另一方面邀请从事相关研究领域的学者成立专家团队，对问卷内容进行完善。首先，征询专家团队的建议补充筛选问卷内容，按照问题的重要程度进一步改进，问卷内容涵盖返乡创业者的基本状况、返乡创业行为调查、返乡创业经营调查、创业企业发展情况调查、创业者的社会资本及培训情况调查、创业满意度调查等方面。其次，为确保调查数据质量，本课题组成员随机选取部分返乡创业农民工进行预调查，按

照预调查得到的反馈结果和问卷调查阶段出现的现实问题，对问卷中涉及的专业术语和问答方式再次调整。最后，为保证问卷内容严谨专业，本课题组成员邀请专家团队进行访谈，专家组意见趋于一致后，汇总编制出最终问卷。

（二）指标选取

为建立相对科学、完整、合理可行的返乡农民工创业扶持政策绩效评价指标体系，充分考察返乡农民工创业扶持政策绩效，本章在对问卷调查结果进行统计分析和专家评判的基础上筛选指标。鉴于返乡农民工创业扶持政策涉及金融、财政、土地供给及创业培训等方面，相关政策内容之间联系紧密，本章按照独立性的原则进行指标设计，以避免出现指标之间相互替代的情况。此外，考虑到样本区域为全国返乡创业试点地区，不同地区的创业扶持政策存在差异，本章尽可能选取最关键、最具代表性的指标，突出创业扶持政策的核心领域及关键环节。对于返乡农民工创业扶持政策绩效的评价，理论上应该包含连贯的事前评估、执行评估和事后评估，鉴于相关政策在 2008 年已经发布，政策一旦发布就不可能再次进行事前评估[①]，因此本章主要关注创业扶持政策的执行评估及事后评估。执行评估的重点是分析创业扶持政策的实施情况，事后评估的重点是政策服务对象的反馈。基于以上分析，本章从两个维度出发，一方面是政府工作完成度情况，具体从创业扶持政策宣传力度、创业扶持政策惠及度、资金扶持力度

---

① 胡俊波：《农民工返乡创业扶持政策绩效评估体系：构建与应用》，《社会科学研究》2014 年第 5 期，第 79~85 页。

和创业培训落实度四个方面展开分析；另一方面是返乡创业农民工对于政府工作的满意度，主要是对经济条件、创业扶持政策、生产经营条件、企业发展和培训效果的满意度进行分析。

二 数据来源

由于返乡农民工创业的企业规模相对较小，目前关于返乡农民工创业扶持状况缺少官方统计数据。因此，本章基于"顾客导向"理念[①]，通过对返乡创业者进行问卷调查，直接从微观个体层面获得需要的数据。本章数据由全国 15 所高校、科研单位的在读学生及本课题组成员 2019 年从全国返乡创业试点地区进行实地调查获得，调查时间在创业者所办企业的工商营业执照有效期内。本次调查共发放问卷 6000 余份，回收问卷 3120 份，其中有效问卷 2082 份，占回收问卷的 66.73%。

为避免错误数据对结论产生影响，进一步从受访者回答问题一致性和问卷完整性方面对 2082 份有效问卷进行筛查，最终确定有效问卷数量为 2036 份，占回收问卷的 65.26%。

三 指标构建

（一）政府工作完成度

1. 创业扶持政策宣传力度

政策宣传力度的大小对政策能否达到既定目标具有十分重

---

① 包国宪、孙加献：《政府绩效评价中的"顾客导向"探析》，《中国行政管理》2006年第 1 期，第 29~32 页。

要的影响。本章根据受访者对创业扶持政策是否了解以及了解渠道来衡量创业扶持政策宣传力度。若了解相关创业扶持政策，则根据创业扶持政策获取渠道的不同进行赋分：如果通过村干部、当地政府和官员推介渠道获取相关政策信息，则计 7 分；如果通过当地政府网站获取相关政策信息，则计 4 分；如果通过其他渠道如同行、亲戚朋友等获取相关政策信息，则计 1 分。若不了解相关创业扶持政策，则计 0 分。

2. 创业扶持政策惠及度

创业扶持政策是为了全面、有效地帮助想要创业的返乡人员顺利创业，对于每一个返乡创业人员，只要符合优惠政策条件，都应该做到应惠尽惠。本章根据受访者是否享受优惠政策以及享受优惠政策的数目来衡量创业扶持政策惠及度。没有享受过任何优惠政策的计 0 分，享受过 1~2 项优惠政策的计 1 分，享受过 3~4 项优惠政策的计 3 分，享受过 5 项及以上优惠政策的计 5 分。

3. 资金扶持力度

资金扶持对于返乡创业活动的开展至关重要，通过分析返乡农民工创业资金中是否有来自政府资金扶持的部分以及政府扶持资金和银行贷款在总创业资金中的占比，来衡量政府对返乡创业者的资金扶持力度。本章按照政府扶持资金和银行贷款占总创业资金的比例将资金扶持力度划分为 4 个等级，占比在（0%，30%］区间的计 3 分，占比在（30%，50%］区间的计 5 分，占比在（50%，100%］区间的计 7 分，无政府扶持资金和银行贷款的计 0 分。

4. 创业培训落实度

创业培训可以帮助创业者掌握实用的技术能力，增长创业知

107

识，提升综合素质。创业培训是政府应当为返乡创业人员提供的一项服务，其落实度是衡量政府工作完成度的一项重要指标。本章根据受访者是否接受创业培训并且结合创业者本身因素对政府创业培训落实情况进行分析。按照是否参加培训分别赋分。参加过培训的，计7分。对于没参加过培训的，若没参加过培训的原因为年龄偏大、不想学，担心受教育程度偏低理解不了，以及家庭负担重、没时间和精力等，计5分；若因为不符合参加培训资格和没有想要参加的培训项目，计3分；若由于其他如无创业培训或设施差、政策支持力度小等原因，计0分。

（二）政府工作满意度

第一，通过对创业地的经济条件、交通便利性、基础设施建设，创业地政府扶持、金融扶持，企业未来发展和企业发展现状等方面进行满意度调查，来衡量返乡农民工对创业大环境的满意度。其中，经济条件满意度，主要是利用对家乡经济条件的满意度进行衡量；生产经营条件满意度，主要是利用对交通便利性和基础设施建设满意度取均值进行衡量；创业扶持政策满意度，主要是利用对政府扶持和金融扶持满意度取均值进行衡量；企业发展满意度，主要是利用对企业未来发展和企业发展现状满意度取均值进行衡量。

第二，创业培训效果的实现要建立在务实的培训内容和方式的基础上。因此，创业培训不可流于形式，创业者对创业培训的满意度最能够体现创业培训是否与时俱进、是否符合创业者实际需求。通过对创业培训计划安排、创业培训师资、创业培训内容、创业培训配套设施、创业培训补贴力度等 12 个方面进行满意度调查，将其满意度均值作为培训效果满意度的取值，对于没参加过培训的农民工在培训效果满意度中赋值为 0。

第二节　返乡农民工创业扶持政策
绩效的实证检验

一　样本描述

表 4-1 展示了研究样本的基本情况。样本的平均年龄为 40.87 岁，表明返乡创业人员多为中年人。返乡创业农民工受教育程度总体上不高，主要集中在初中、高中和大专及以上学历，未上过学的人群所占比例最低（0.29%），初中学历的人群占比最高（33.25%），18~30 岁创业者的受教育程度明显高于其他年龄段创业者。对于创业的稳定性评价反映了创业企业当前的发展状况，总体来看，有 65.18% 的创业者认为目前的创业是稳定的，且不同性别的创业者在创业稳定性方面的认知没有显著差异。其中，未婚创业者中认为创业稳定的占比为 50.00%，已婚创业者中认为创业稳定的占比为 66.31%。年龄在 41~50 岁的创业者中认为当前创业稳定的比例最高，达到 68.64%；年龄在 18~30 岁的创业者中认为当前创业稳定的比例最低，仅为 60.84%。当地居民创业积极性为一般的比例最高，这一比例在性别和不同年龄段中没有显著差异。

表 4-1　返乡农民工创业样本基本情况

样本特征		总体	指标								
			性别		婚姻状况			年龄段			
			男	女	未婚	已婚	离异、丧偶	18~30岁	31~40岁	41~50岁	51岁及以上
基本信息	平均年龄（岁）	40.87	41.13	40.22	27.82	41.79	32.7	27.15	35.83	45.44	54.91
	平均子女数（个）	1.49	1.5	1.47	0	1.61	1.14	0.64	1.53	1.67	1.75
	平均聚居人口数（人）	3.87	3.93	3.74	2.99	3.97	2.49	3.59	4.06	3.83	3.83
受教育程度	未上过学（%）	0.29	0.14	0.68	0.00	0.32	0.00	0.00	0.46	0.36	0.00
	小学（%）	5.01	4.09	7.26	0.72	5.28	6.98	1.05	3.21	6.73	8.33
	初中（%）	33.25	31.79	36.82	14.49	34.93	20.93	16.78	34.61	38.70	30.16
	高中（%）	21.76	22.64	19.59	13.77	22.10	32.56	13.29	16.08	23.67	39.68
	中专、技校（%）	10.22	10.18	10.30	10.14	10.24	9.30	11.19	11.79	10.06	5.56
	大专及以上（%）	29.47	31.16	25.35	60.88	27.13	30.23	57.69	33.85	20.48	16.27
创业是否稳定	稳定（%）	65.18	65.10	65.37	50.00	66.31	65.12	60.84	62.33	68.64	65.87
	不稳定（%）	34.82	34.90	34.63	50.00	33.69	34.88	39.16	37.67	31.36	34.13
当地居民创业积极性	非常高（%）	11.44	11.57	11.15	11.59	11.58	4.65	12.24	11.64	10.18	14.29
	比较高（%）	27.71	29.28	23.82	28.99	27.71	23.26	26.92	26.19	29.59	26.19
	一般（%）	45.38	43.01	51.18	42.75	45.34	55.81	48.60	44.87	45.56	42.46
	不高（%）	13.46	13.99	12.16	15.95	13.21	16.28	11.19	14.24	13.25	14.68
	很不高（%）	2.01	2.15	1.69	0.72	2.16	0.00	1.05	3.06	1.42	2.38

二　数据可信度分析

本章以内在一致性系数（Cronbach's Alpha 系数）作为衡量量表信度的依据，以此来检验问卷中涉及量表部分各指标的内部一致性。经计算，创业满意度量表的 Cronbach's Alpha 系数为 0.804，培训满意度量表的 Cronbach's Alpha 系数为 0.997，各部分的 Cronbach's Alpha 系数均大于 0.8，因此本问卷中两个量表的可信度较高，据此可以进行后续研究。

三　层次分析法确定指标权重

层次分析法（Analytical Hierarchy Process，AHP）是一种能够综合定性分析与定量分析的分层级权重确定方法，因其具有系统科学性、功能实用性及通用性的鲜明特征而通常被用在社会经济目标的绩效分析当中。本章具体计算步骤如下。

（一）建立评价指标体系层次结构

本章依据实效性、可量化性以及可执行性的原则，筛选出返乡农民工创业扶持政策绩效评价指标，以返乡农民工创业扶持政策绩效作为目标层，以政府工作完成度和政府工作满意度作为准则层，以返乡农民工创业扶持政策中的关键指标作为指标层建立层次结构，如表4-2所示。

表4-2　返乡农民工创业扶持政策绩效评价指标体系

目标层	准则层	指标层
返乡农民工创业扶持政策绩效 X	政府工作完成度 X_1	创业扶持政策宣传力度 X_{11}
		创业扶持政策惠及度 X_{12}
		资金扶持力度 X_{13}
		创业培训落实度 X_{14}
	政府工作满意度 X_2	经济条件满意度 X_{21}
		创业扶持政策满意度 X_{22}
		生产经营条件满意度 X_{23}
		企业发展满意度 X_{24}
		培训效果满意度 X_{25}

（二）构造判断矩阵

根据表4-3所定义的1~9标度法，将评价指标体系中每一层上的指标采取两两逐对比较的方法，依据标度法的原则定量描述各指标的相对重要性，得到判断矩阵 A，并且 A 中的元素满足 $w_{ii}=1$，$w_{ji}=1/w_{ij}$，$w_{ij}=w_{im}/w_{jm}$（i，j，$m=1$，2，3，…，n）。当标度是1时，代表这对指标的重要性相同；当标度是2~9时，代表 i 指标相对于 j 指标的重要等级越来越高。

表4-3　标度及其定义

标度	定义（比较因素 i 与 j）
1	因素 i 与 j 同等重要
3	因素 i 比 j 稍微重要
5	因素 i 比 j 较强重要
7	因素 i 比 j 强烈重要

标度	定义（比较因素 i 与 j）
9	因素 i 比 j 绝对重要
2, 4, 6, 8	分别介于 1, 3, 5, 7, 9 对应的重要程度之间
倒数	若因素 i 与因素 j 的重要性之比为 w_{ij}，那么因素 j 与因素 i 的重要性之比为 $1/w_{ij}$

（三）计算判断矩阵的最大特征值和特征向量

首先计算出判断矩阵 A 的各行全部元素的乘积 B_i：

$$B_i = \prod_{j=1}^{n} w_{ij}$$

进一步求出 B_i 的 n 次方根 W'_i：

$$W'_i = \sqrt[n]{B_i} = \sqrt[n]{\prod_{j=1}^{n} w_{ij}} \ (n \text{ 代表判断矩阵 } A \text{ 的阶数})$$

对向量 W'_i 采取归一化处理，求出权重值：

$$W_i = \frac{W'_i}{\sum_{i=1}^{n} W'_i}$$

计算得出判断矩阵的最大特征值：

$$\lambda_{max} = \sum_{i=1}^{n} \frac{(AW)_i}{nW_i}$$

（四）验证判断矩阵的一致性

受主观认识的局限，判断矩阵的构造过程中可能存在误差，为验证权重结果分配是否恰当，应该对判断矩阵进行一致性检验，一致性检验的公式为：

$$CR = \frac{CI}{RI} = \frac{\lambda_{\max} - n}{(n-1)RI}$$

其中，n 为成对比较因子的阶数。CI 为一致性检验指标，CI 的值越小，证明判断矩阵的一致性结果越好，当 $CI = 0$ 时，说明判断矩阵符合完全一致性。RI 为平均随机一致性指标，RI 的值随着成对比较因子阶数的不同而不同，具体参照标准如表 4-4 所示。CR 为判断矩阵的一致性比率，当 $CR < 0.1$ 时，证明判断矩阵的一致性检验符合标准；若 $CR > 0.1$，则需要重新构造判断矩阵，直到符合满意的一致性为止。

表 4-4 平均随机一致性指标 RI

矩阵阶数	1	2	3	4	5	6	7	8	9
RI	0	0	0.58	0.90	1.12	1.24	1.32	1.41	1.45

（五）结果计算

根据上述步骤，利用 Matlab 软件，计算得到准则层与指标层的权重结果（见表 4-5）。

表 4-5 指标权重

准则层	准则层权重	指标层	指标层权重
X_1	0.549	X_{11}	0.291
		X_{12}	0.149
		X_{13}	0.432
		X_{14}	0.128

准则层	准则层权重	指标层	指标层权重
X_2	0.451	X_{21}	0.208
		X_{22}	0.202
		X_{23}	0.228
		X_{24}	0.245
		X_{25}	0.117

四　返乡农民工创业扶持政策绩效的模糊综合评价

(一) 模糊综合评价法

模糊综合评价法主要用于综合评价问题,该方法对一系列指标进行评价后把定性问题变为定量问题,明确清晰地比较各项指标的得分情况,发现政策实施过程中的弱项,从而帮助政策绩效的提升。具体实施步骤如下。

1. 确定评价因素集

本章的因素集是返乡农民工创业扶持政策绩效 X,分为政府工作完成度 X_1、政府工作满意度 X_2,即 $X = \{X_1, X_2\}$。两个因素子集分别为:

$$X_1 = \{X_{11}, X_{12}, X_{13}, X_{14}\}$$
$$X_2 = \{X_{21}, X_{22}, X_{23}, X_{24}, X_{25}\}$$

2. 确定评价论域

本章将决策评判集合分为 4 个等级,$V = \{$优秀,良好,一般,较差$\}$,分别赋值为 100、75、50、25。对评价进行定量化处理,将对应的分值区间设置为 [0, 25)、[25, 50)、[50, 75)、

[75, 100]。返乡农民工创业扶持政策绩效评价指标体系等级标准见表4-6。

表4-6 返乡农民工创业扶持政策绩效评价指标体系等级标准

准则层	指标层	等级标准			
		优秀	良好	一般	较差
政府工作完成度 X_1	创业扶持政策宣传力度 X_{11}	7	4	1	0
	创业扶持政策惠及度 X_{12}	5	3	1	0
	资金扶持力度 X_{13}	7	5	3	0
	创业培训落实度 X_{14}	7	5	3	0
政府工作满意度 X_2	经济条件满意度 X_{21}	7	[5, 6]	[3, 4]	[1, 2]
	创业扶持政策满意度 X_{22}	[5.5, 7]	[4, 5.5)	[2.5, 4)	[1, 2.5)
	生产经营条件满意度 X_{23}	[5.5, 7]	[4, 5.5)	[2.5, 4)	[1, 2.5)
	企业发展满意度 X_{24}	[5.5, 7]	[4, 5.5)	[2.5, 4)	[1, 2.5)
	培训效果满意度 X_{25}	[5.25,7]	[3.5,5.25)	[1.75,3.5)	[0,1.75)

3. 确定评价指标权重集合

运用层次分析法确定各级评价指标权重集合，如下所示：

$$W = (0.549 \quad 0.451)$$

$$W_1 = (0.291 \quad 0.149 \quad 0.432 \quad 0.128)$$

$$W_2 = (0.208 \quad 0.202 \quad 0.228 \quad 0.245 \quad 0.117)$$

4. 确定单因素隶属度

运用模糊统计法确定单因素隶属度。评价指标中确定元素 X_{ij} 对 V 的隶属频率：

$$隶属频率 = \frac{X_{ij} \in V 的次数}{实验总次数 \, n}$$

当 n 越来越大时，隶属频率越来越趋向于一个确定值，该确定值就是 X_{ij} 对 V 的隶属度，其中 V 是评判集合。

5. 模糊算子的选择

由于返乡农民工创业扶持政策绩效评价的综合性，本章采用 $M(g，+)$ 算子（加权平均型）计算绩效评价得分，不仅可以体现出主因素，而且可以体现出其他因素对绩效评价结果的作用，便于更加客观地说明评价主体的全貌。b_k 表示评价主体对评价集中评价元素的隶属度，计算公式为：

$$b_k = \min\left(1, \sum_{j=1}^{m} w_j r_{jk}\right), k = 1, 2, \cdots, n$$

上式中，w_j 代表评价主体第 j 个因素的权重值，r_{jk} 代表模糊综合评价矩阵中的元素。

6. 综合评价结果与分析

通过模糊统计法确定单因素隶属度，可以得到政府工作完成度和政府工作满意度的评判矩阵 R_i，使用 $M（g，+）$ 算子的计算方法开展运算，得到准则层指标的评价集 B_i，对准则层评价集进行去模糊计算，分别得出政府工作完成度和政府工作满意度的评价分数 P_i 及等级；进一步得出返乡农民工创业扶持政策绩效总评判矩阵 R，再利用 $M（g，+）$ 算子的计算方法得到返乡农民工创业扶持政策绩效的最终评价集 A，对最终评价集进行去模糊计算，得到返乡农民工创业扶持政策绩效的综合评价分数 P 及等级。

对于准则层指标政府工作完成度的评价结果如下：

$$B_1 = W_1 \cdot R_1 = (0.291 \quad 0.149 \quad 0.432 \quad 0.128) \begin{bmatrix} 0.246 & 0.076 & 0.191 & 0.488 \\ 0.028 & 0.139 & 0.823 & 0.010 \\ 0.087 & 0.059 & 0.085 & 0.769 \\ 0.395 & 0.283 & 0.116 & 0.206 \end{bmatrix}$$

$$= (0.164 \quad 0.105 \quad 0.230 \quad 0.502)$$

$$P_1 = B_1 \cdot V^T = 100 \times b_{11} + 75 \times b_{12} + 50 \times b_{13} + 25 \times b_{14} = 48.325$$

可以看出，政府工作完成度指标对评判集合的隶属度分别为 0.164、0.105、0.230、0.502，综合得分是 48.325，按照评价结果的偏态分布原则分值处于"一般"等级的偏上层次。从百分比来看，政府工作完成度属于"较差"等级的样本比重为 50.2%，占样本总量的一半多，可见政府工作完成情况与现实期望还有较大的差距；政府工作完成度隶属于其他三个等级的比重均不高，其中属于"一般"等级的占比最高，为 23.0%。总体来看，政府工作完成度指标的得分偏低。创业扶持政策宣传力度指标属于"较差"等级的样本占总样本的 48.8%，这代表大约有一半的返乡创业人员不了解相关创业扶持政策，虽然国家出台了很多创业扶持的优惠政策，但是还有很多人不了解这些政策。在创业扶持政策惠及度方面，有 82.3% 的返乡创业人员享受过 1~2 项优惠政策，极少数人享受过 5 项及以上的优惠政策，仅有 13.9% 的返乡创业人员享受过 3~4 项优惠政策。资金扶持力度指标属于"较差"等级的样本比重高达 76.9%，说明大约 80% 的返乡创业人员没有享受过政府扶持资金和银行贷款这一政策。调查表明，返乡农民工创业的资金主要来自外出务工的积蓄和朋友的借款。在创业培训落实度方面，大约 40% 的返乡创业人员参加过培训，没参加过培训的返乡创业人员中约 30% 是由于年龄偏大、受教育程度偏低以及家庭负担重等原因，约 20% 是由于无创业培训或设施差、政策支持力度小等原因，约 10% 是由于不符合参加培训资格和没有想要参加的培训项目。

对于准则层指标政府工作满意度的评价结果如下：

$$B_2 = W_2 \cdot R_2 = (0.208 \quad 0.202 \quad 0.228 \quad 0.245 \quad 0.117) \begin{bmatrix} 0.037 & 0.350 & 0.594 & 0.019 \\ 0.109 & 0.633 & 0.224 & 0.034 \\ 0.223 & 0.656 & 0.113 & 0.008 \\ 0.354 & 0.596 & 0.049 & 0.002 \\ 0.069 & 0.306 & 0.018 & 0.607 \end{bmatrix}$$

$$= (0.175 \quad 0.532 \quad 0.209 \quad 0.084)$$

$$P_2 = B_2 \cdot V^T = 100 \times b_{21} + 75 \times b_{22} + 50 \times b_{23} + 25 \times b_{24} = 69.950$$

可以看出，政府工作满意度指标对评判集合的隶属度分别为 0.175、0.532、0.209、0.084，综合得分是 69.950，按照评价结果的偏态分布原则分值处于"良好"等级的偏上层次。从百分比来看，政府工作满意度属于"良好"等级的样本比重为 53.2%，在样本总量中超过一半，说明返乡创业人员对政府工作较为满意。政府工作满意度隶属于"优秀"和"一般"等级的比重分别为 17.5% 和 20.9%，隶属于"较差"等级的占比最低，为 8.4%。总体来看，返乡创业人员对政府工作满意度的评价为"良好"。对家乡经济条件满意度的评价为"一般"的样本占 59.4%，35.0% 的返乡创业人员认为家乡的经济条件为"良好"，仅有 1.9% 的返乡创业人员认为家乡的经济条件"较差"。创业扶持政策满意度指标和生产经营条件满意度指标属于"良好"等级的比

重最高，属于"较差"等级的比重最低，说明返乡创业人员对扶
持政策、家乡的交通便利性及基础设施建设较为满意。企业发展
满意度指标中属于"优秀"和"良好"等级的比重之和为
95.0%，说明创业人员对自己的企业未来发展和企业发展现状比
较满意。培训效果满意度指标中评价为"较差"等级的样本占
60.7%，可见返乡创业人员对培训效果的满意度评价较低。

对于目标层指标返乡农民工创业扶持政策绩效的评价结果
如下：

$$A = W \cdot \begin{bmatrix} B_1 \\ B_2 \end{bmatrix} = (0.549 \quad 0.451) \begin{bmatrix} 0.164 & 0.105 & 0.230 & 0.502 \\ 0.175 & 0.532 & 0.209 & 0.084 \end{bmatrix}$$

$$= (0.169 \quad 0.298 \quad 0.220 \quad 0.313)$$

$$P = A \cdot V^T = 100 \times 0.169 + 75 \times 0.298 + 50 \times 0.220 + 25 \times 0.313 = 58.075$$

可以看出，返乡农民工创业扶持政策绩效指标对评判集合的隶
属度分别为0.169、0.298、0.220、0.313，综合得分是58.075，按
照评价结果的偏态分布原则分值处于"良好"等级的偏下层次。
从百分比来看，返乡农民工创业扶持政策绩效属于"优秀"等级
的样本比重最低，为16.9%；属于"较差"等级的样本比重最
高，为31.3%；属于"良好"等级的样本占总样本的29.8%；属
于"一般"等级的比重为22.0%。总体来看，返乡农民工创业扶
持政策的绩效得分不高。

五　象限图分析

在已有评价结果的前提下，对返乡农民工创业扶持政策绩效

评价指标体系指标层的各指标"重要度-绩效"展开进一步的研究。本章通过象限图对 9 个指标的绩效（综合得分）及其重要度（权重）数据展开分析，根据全部指标的绩效平均得分和重要度平均值（61.264 和 0.222）建立 4 个象限，按照各个指标在这 4 个象限的分布情况展开分析。如图 4-1 所示，本章假定绩效水平和重要度水平都大于平均水平的区域为第一象限；绩效水平大于平均绩效水平，重要度水平小于平均重要度水平的区域为第二象限；绩效水平和重要度水平均小于平均水平的区域为第三象限；重要度水平大于平均重要度水平，绩效水平小于平均绩效水平的区域为第四象限。4 个象限分别象征优势区、维持区、机会区和修补区。

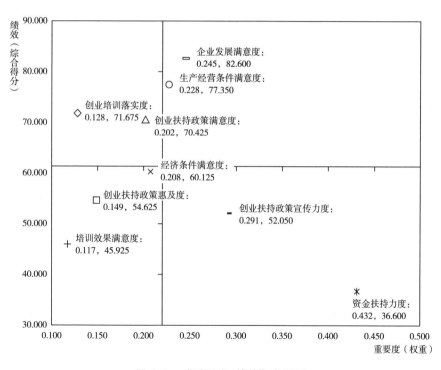

图 4-1 "重要度-绩效"象限图

第一象限代表"优势区"，指标落在此区域代表其对返乡创业者来说是具有关键作用的重要性指标，并且指标的绩效得分也比较高。"生产经营条件满意度"和"企业发展满意度"两个指标是当前返乡农民工创业扶持政策绩效评价指标体系中比较重要并且绩效得分较高的指标，反映返乡创业农民工对交通便利性和基础设施建设比较满意，应该给予强化支持。第二象限代表"维持区"，指标落在此区域表示这些指标的绩效得分较高，但对返乡创业者来说不是最重要的。该象限包括"创业培训落实度"和"创业扶持政策满意度"两个指标，说明这些因素的感知重要性较低，对大幅度提升绩效的作用不明显。第三象限代表"机会区"，指标落在此区域表示这些指标的重要度和绩效得分都偏低。该象限包括"创业扶持政策惠及度"、"经济条件满意度"和"培训效果满意度"三个指标，是当前创业扶持政策中对返乡创业者来说不是最重要的且绩效得分也偏低的因素，虽然其评价不是最重要的，但并不代表它们本身不重要，从这些因素中通常可以找到提升绩效水平的机会点，需要有针对性地改进。第四象限代表"修补区"，指标落在此区域表示其对返乡创业者来说是具有关键作用的重要性指标，但是指标的绩效得分比较低。该象限包括"创业扶持政策宣传力度"和"资金扶持力度"两个指标，是当前创业扶持政策中重要度较高但是绩效得分较低的因素，说明创业扶持政策宣传力度和资金扶持力度与理想预期还有较大差距，这是创业扶持政策的关键所在，需要给予高度重视，这类指标的改善可以大幅度提高返乡农民工创业扶持政策的绩效水平。

六 进一步的分析

本章将返乡农民工创业企业分为小型企业、中型企业和大型企业三类，考察不同规模企业的返乡创业人员对创业扶持政策绩效的评价。如图 4-2 所示，总体来看，企业规模越大，创业扶持政策的绩效得分越高，但是不同规模企业的"资金扶持力度"与"培训效果满意度"的绩效得分都较低。具体来看，企业规模不

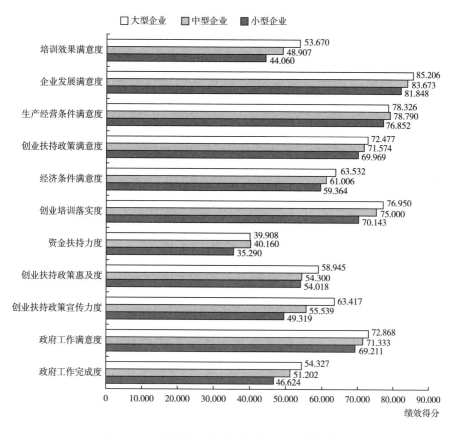

图 4-2 不同规模企业的创业扶持政策绩效得分

同，创业扶持政策的绩效得分情况有所不同，大型企业在"培训效果满意度"和"创业扶持政策宣传力度"方面的绩效得分明显比小型企业高。

第三节　小结

一　结论

本章在梳理返乡农民工创业的相关理论基础上，结合对全国返乡创业试点地区 2036 名返乡农民工调查所得数据，借助层次分析法与模糊综合评价法研究返乡农民工创业扶持政策的绩效评价，主要得出以下结论。

第一，返乡农民工创业扶持政策绩效总体得分是 58.075，位于"良好"等级的偏下层次，其中政府工作完成度的得分是 48.325，位于"一般"等级的偏上层次；政府工作满意度的得分是 69.950，位于"良好"等级的偏上层次。总体来看，返乡农民工创业扶持政策的绩效得分不高。

第二，对 9 个指标"重要度-绩效"的分析表明，返乡创业农民工对"企业发展满意度"的绩效评价最高，其次是"生产经营条件满意度"，对"资金扶持力度"的绩效评价最低。具体来看，"生产经营条件满意度"和"企业发展满意度"两个指标位于高重要度-高绩效区，说明返乡创业农民工对交通便利性和基础设施建设比较满意。而"创业扶持政策宣传力度"和"资金扶持力度"位于高重要度-低绩效区，这两个方面是创业扶持政策实施中的薄弱之处，需要给予高度重视。

第三，通过对不同规模企业的创业扶持政策绩效进行对比分析，发现企业规模越大，创业扶持政策的绩效得分越高，大型企业在"培训效果满意度"和"创业扶持政策宣传力度"方面的绩效得分明显比小型企业高。这说明相比于大型企业，小型企业的返乡创业人员对于创业扶持政策的吸收能力较弱。

二　启示

1. 创新政策宣传途径，增强政策扶持效果

各级政府可以依托创业扶持政策信息公示平台，推广宣传创业扶持政策的具体信息。通过建立创业扶持政策网络平台，公布和获取返乡创业人员的创业信息，对返乡创业人员进行线上和线下调研，随时了解返乡创业人员的需求。同时，应该注重对各地区基层工作人员，特别是村干部的专业培训，指导其有效组织并实施相关政策的宣传推广工作。

2. 拓宽创业融资渠道，加大资金扶持力度

首先，地方政府要特别关注财政补助和税费体制改革，准确定位返乡创业项目中的政府财政补贴覆盖范围，加大对企业用工和基础设施建设等方面的财政补贴力度。其次，借鉴国内外农村金融机构的成功经验，吸引更多的资金支持返乡农民工创业。最后，构建返乡农民工创业贷款专项担保基金，解决返乡创业农民工贷款过程中存在的"身份歧视"问题。

3. 落实创业培训要求，增强培训的实用性

针对返乡创业农民工对创业培训的重视程度不够，对培训效

果不满意等现状，应加大返乡创业培训的补助力度和扩大覆盖范围，准确分析返乡创业人员的创业培训需求。针对不同规模的企业，推行差异化的培训政策，提升培训的针对性和落实度。同时拓宽返乡创业培训的途径，及时更新培训内容，使培训方式更加多元化、便捷化。

第五章　创业培训、政策获取
和返乡农民工创业绩效

　　党的十九届五中全会提出，要优先发展农业农村，全面推进乡村振兴。乡村振兴离不开那些既了解农村现实状况又经历过城市现代化发展的返乡劳动者。[①] 农民工作为返乡创业人群的重要组成部分，是助推乡村振兴的重要力量。返乡农民工带来的技术、资金、社会资本等创业要素，为乡村发展提供了资源基础，这使得扶持返乡农民工创业具有很强的可行性和现实性。农民工返乡创业极大地带动了农村劳动力就地就近就业，在促进农民增收、推动城乡一体化发展等方面都发挥了重要作用。[②] 通过不断完善相关制度、加大培训力度等措施支持返乡农民工创业，可以充分发挥返乡农民工在乡村振兴中的作用。因此，中央和地方政府出台了一系列促进和扶持返乡农民工创业的政策。2015 年，国务院办公厅在《关于支持农民工等人员返乡创业的意见》中明确指出"强化返乡农民工等人员创业培训工作"，并提出创业培训

---

①　杨旸：《乡村人才是乡村振兴的重要力量》，《人民论坛》2021 年第 16 期，第 72 ~ 74 页。

②　吴克强、赵鑫、谢玉、汪昕宇：《创业韧性对农民工返乡创业绩效的作用机制：一个有调节的中介模型》，《世界农业》2021 年第 5 期，第 101 ~ 116 页。

专项行动计划，以推进优质创业培训资源下县乡为工作任务。随后相关部门陆续出台鼓励和支持返乡农民工创业培训，如2016年人力资源和社会保障部办公厅等五部门联合下发的《关于实施农民工等人员返乡创业培训五年行动计划（2016—2020年）的通知》、2020年国家发展改革委等19个部门联合印发的《关于推动返乡入乡创业高质量发展的意见》，与此同时，各省份也陆续出台了相关政策措施以推进返乡农民工创业培训计划。作为一项创业就业扶持政策，返乡农民工创业培训政策能够为支持和鼓励返乡农民工创业、拓宽农民工增收渠道、强化以创业带动就业、推动乡村振兴、促进农村三次产业融合发展发挥重要作用。由此可见，返乡农民工创业培训政策对实现农村共同富裕具有重要促进作用。那么，返乡农民工创业培训扶持政策绩效如何，其在实施过程中是否还存在有待进一步突破的问题？基于此，本章将通过分析返乡农民工创业培训扶持政策绩效，以政策获取为中介变量探讨创业培训对返乡农民工创业绩效的内在机制，进而优化创业培训扶持政策措施。本章的研究，为进一步推动返乡农民工创业、促进城乡间和区域间协调发展、振兴乡村经济、实现共同富裕具有重要的理论和现实意义。

基于经济转型升级和产业结构调整的背景，我国返乡农民工创业呈现持续增长的趋势，返乡农民工创业培训问题逐渐成为国内外学者关注的重点。大量学者从不同的视角对创业培训进行了研究。第一，基于参与返乡创业培训的群体差异性分析。当下的中国农村，模仿创业是农民创业的主流形式①，人力资本积累是返乡创业的基础，人力资本是推动返乡创业企业质量提升的关键②。新生代农民工返乡创业群体作为实现城乡多元化融合发展的主力军③，对乡村振兴发展战略具有重要的推动作用。农民参加职业培训能够有效提高农业收入④，因此，创业培训作为提升返乡创业人群理论知识与创业实践能力的有效途径，在乡村振兴中发挥着越来越重要的作用。第二，基于返乡创业培训效果的研究。农民学习对农民绩效具有一定的正向作用，对新型农民的培育成为我国当前新农村建设的重要工作之一。⑤ 温菊萍基于培训绩效的视角，指出培训内容等是职业农民教育培训绩效的主要影响因素。⑥ 若培训内容严重偏离农民工的实际需求会影响农民工的培训效果，对农民工培训绩效形成挑战。⑦ Arthur 等则指出，培训中的学习态度和学习效果也会影响培训效果。⑧ 第

① 范波文、应望江：《家庭背景对农民创业模式的影响研究——基于"千村调查"的数据分析》，《江西财经大学学报》2020年第3期，第73~86页。

② 王轶、丁莉、刘娜：《创业者人力资本与返乡创业企业经营绩效——基于2139家返乡创业企业调查数据的研究》，《经济经纬》2020年第6期，第28~38页。

③ 赵联飞：《新时期开展农民工返乡创业促进城乡融合发展刍议》，《江淮论坛》2021年第3期，第141~146页。

④ 张斌、孔欣悦、但雅：《人力资本、种植结构与粮食安全——基于全国31个省（区、市）3073个家庭农场的调查数据》，《河南师范大学学报》（哲学社会科学版）2021年第4期，第71~79页。

⑤ 张银、李燕萍：《农民人力资本、农民学习及其绩效实证研究》，《管理世界》2010年第2期，第1~9页。

⑥ 温菊萍：《职业农民教育培训模式的比较与选择——基于培训绩效的视角》，《成人教育》2017年第8期，第71~75页。

⑦ 赵树凯：《农民工培训的绩效挑战》，《华中师范大学学报》（人文社会科学版）2011年第2期，第1~5页。

⑧ Arthur, W., Bennett, W., Edens, P.S., et al., "Effectiveness of Training in Organizations: A Meta-Analysis of Design and Evaluation Features." *Journal of Applied Psychology*, 2003, 88 (2): 234-245.

三，基于返乡创业培训中存在问题的研究。黄迈等研究发现，目前的返乡创业培训存在针对性不强、培训效果不佳等问题。[①] 黄宏磊指出，由于创业培训力度较小，创业者无法对创业培训形成正确的认识。[②] 郑军以山东省为例指出，对创业培训工程的认可度、对创业前景的担忧以及对参与创业培训的现实收益预期等都会对农民参与创业培训的意愿产生影响。[③] 刘轩认为，虽然农民总体对创业培训比较满意，但农民创业培训的实践效果还不明显。[④]

上述文献对深入洞察返乡农民工创业行为与创业培训提供了重要参考，但还存在以下方面有待完善。第一，目前国内学者主要关注创业培训本身的理论研究及创业政策总体的满意度或绩效评价，而对于创业培训扶持政策绩效的研究文献较少，不能有针对性地反映创业培训扶持政策的具体实施效果。第二，鲜有文献将创业培训、政策获取和创业绩效置于统一框架下进行研究，深入探讨创业培训对返乡农民工创业绩效作用机制的研究缺乏。

---

① 黄迈、徐雪高、王宏、石颖、胡杰成：《农民工等人员返乡创业的政策匹配》，《改革》2016 年第 10 期，第 73~83 页。

② 黄宏磊：《农村青年创业的现状与对策研究——基于湖北五乡镇的实证调查》，《武汉理工大学学报》（社会科学版）2014 年第 6 期，第 1034~1038 页。

③ 郑军：《农民参与创业培训意愿影响因素的实证分析——基于对山东省的调查》，《中国农村观察》2013 年第 5 期，第 34~45、96 页。

④ 刘轩：《双创背景下农民创业培训服务的现状及思考——基于 303 名创业农民的调查数据》，《成人教育》2016 年第 12 期，第 6~10 页。

第一节　理论分析与研究假说

一　创业培训与创业绩效

创业活动是多维度、多层次的复杂系统，创业活动的效果可以利用创业绩效进行评价。从现有文献来看，创业绩效的影响因素众多，包括创业主体行为特征[①]、创业内部和外部环境[②]、创业资源[③]等方面。增强创业意识和创业能力是提高创业者创业绩效的重要手段，创业培训可以向创业者提供知识、经验、技能，进而有利于增强创业者的创业意识和创业能力，对提高创业绩效具有重要的促进作用。付世茹和任新平研究指出，通过创业培训提高农民工返乡创业能力是培育乡村发展内生动力的重要途径。[④] Adeyanju 等利用 977 份调查问卷研究指出，创业培训在提升创业绩效方面发挥了重要促进作用。[⑤] 王轶等基于 2139 家返乡创业企

[①] 范波文、应望江：《家庭背景对农民创业模式的影响研究——基于"千村调查"的数据分析》，《江西财经大学学报》2020 年第 3 期，第 73~86 页；Millns, J., Juhasz, J., "Promoting Farmer Entrepreneurship through Producer Organizations in Central and Eastern Europe." *Political Science*, 2006。

[②] Miller, D., Friesen, P. H., "Archetypes of Strategy Formulation." *Management Science*, 1978, 24 (9): 921-933.

[③] 戴建兵、毛海斌：《晋冀鲁豫边区农贷运行特色及制度绩效》，《安徽师范大学学报》（人文社会科学版）2020 年第 6 期，第 72~79 页。

[④] 付世茹、任新平：《促进农民工返乡创业以助力乡村振兴的对策》，《乡村科技》2021 年第 3 期，第 8~9 页。

[⑤] Adeyanju, D., Mburu, J., Mignouna, D., "Youth Agricultural Entrepreneurship: Assessing the Impact of Agricultural Training Programmes on Performance." *Sustainability*, 2021, 13 (4): 1-11.

业调查数据，研究发现创业培训显著提高了返乡创业企业经营绩效。① 郭铖和何安华认为，政府支持生产技术类和市场营销类培训能够有效提高农民涉农创业绩效。② 由此可见，创业培训能够有效促进返乡创业者创业绩效的提高。创业培训可以增强返乡农民工的创业意识、提升创业技能和强化政策认知，从而显著提升返乡农民工的创业绩效。据此，本章提出如下研究假说。

假说1：创业培训能够显著提升返乡农民工的创业绩效。

二　政策获取与创业绩效

政策获取是返乡农民工创业绩效提升的重要影响因素。通过提升人力资本水平和增强创业政策认知，能够提升返乡农民工创业政策获取能力。③ 政策资源作为创业资源的一部分，对创业绩效起到了直接作用。政策资源获取对农民工返乡创业绩效产生重要影响，其中政策资源获取对初始创业农民工的创业绩效影响更大。④ 戚迪明和刘玉侠基于浙江省返乡农民工创业试点地区的调查数据，探讨了政策获取在人力资本与返乡农民工创业绩效之间的中介效应，进一步检证了政策获取对返乡农民工创业绩效的影

---

① 王轶、丁莉、刘娜：《创业者人力资本与返乡创业企业经营绩效——基于2139家返乡创业企业调查数据的研究》，《经济经纬》2020年第6期，第28~38页。
② 郭铖、何安华：《培训对农民涉农创业绩效的影响——考虑创业者人力资本禀赋调节效应的实证研究》，《农业经济与管理》2019年第1期，第84~91页。
③ 刘玉侠、任丹丹：《返乡创业农民工政策获得的影响因素分析——基于浙江的实证》，《浙江社会科学》2019年第11期，第58~64页。
④ 朱红根：《政策资源获取对农民工返乡创业绩效的影响——基于江西调查数据》，《财贸研究》2012年第1期，第18~26页；孙武军、贾晓倩、王轶：《民间借贷能提升返乡创业企业的绩效吗？——基于2019年全国返乡创业企业的调查数据》，《财贸研究》2021年第7期，第56~68页。

响程度。[①] 由此可见，政策获取对返乡农民工创业绩效具有显著的促进作用。政府通过实施多种多样的创业扶持政策以帮助返乡农民工，具体而言可以利用创业培训和相关政策有效帮助创业者平稳度过脆弱的创业初期。据此，本章提出如下研究假说。

假说 2：政策获取对返乡农民工创业绩效有显著的促进作用。

三 创业培训、政策获取与创业绩效

创业培训可以强化创业者与政府部门之间的联系，降低创业者与政府部门之间的信息不对称，使政府部门能够获取返乡农民工创业过程中遇到的问题，并实施更为精准的政策。对于不同的创业者而言，参与创业培训与未参与创业培训对政策获取的影响是不同的。相对于未参与创业培训的创业者而言，积极参与创业培训的创业者在创业过程中的需求更容易被政府了解和掌握。与此同时，政府对参与创业培训的返乡农民工给予政策支持更为容易。由此可见，返乡农民工通过参与创业培训，可以有效地获取创业政策支持，进而有利于提升创业绩效。因此，政策获取在创业培训对返乡农民工创业绩效的影响路径中能够发挥中介效应。据此，本章提出如下研究假说。

假说 3：政策获取在创业培训与返乡农民工创业绩效之间具有中介效应。

---

① 戚迪明、刘玉侠：《人力资本、政策获取与返乡农民工创业绩效——基于浙江的调查》，《浙江学刊》2018 年第 2 期，第 169~174 页。

第二节　实证研究设计

一　数据来源与说明

为深入研究返乡农民工创业培训扶持政策的实施效果，2019年本课题组到全国返乡创业试点地区进行实地调研。本课题组的调查对象为返乡创业农民工，调查时间为创业者所创办企业的工商营业执照有效期内。本次调查问卷由两部分组成，即调查对象的基本信息和返乡创业培训政策满意度，其中包含返乡创业前与返乡创业后的两期问题。通过对问卷的检查、修正和删除，共获得 1872 份有效问卷，问卷有效率为 89.9%，其中参加返乡创业培训的问卷共 844 份，没有参加返乡创业培训的问卷共 1028 份。

二　变量选择

1. 被解释变量

被解释变量为创业绩效（$Perf$）。本章通过问卷调查，设置题项"返乡创业前一年年收入大概是多少万元"和"2018 年返乡创业企业收入大概是多少万元"，将创业绩效定义为返乡创业前收入和返乡创业后收入两期，按照 1~9 级收入金额排序，由低到高进行选择。

2. 解释变量

解释变量为创业培训（$Tra \times Time$）。本章将返乡农民工创业是否参加培训虚拟变量（Tra）、创业前后的时间虚拟变量

（*Time*）两者的交互项设置为解释变量。是否参加培训虚拟变量（*Tra*）在问卷中设计"是否参与过创业培训"等相关问题进行考察；时间虚拟变量（*Time*）设置返乡创业前和返乡创业后的相关问题进行考察。在固定效应模型中，*Tra* 将由于多重共线性而被忽略，因此本章仅保留交互项 *Tra×Time* 进行回归分析。

3. 中介变量

中介变量为政策获取（*Ach*），具体为返乡农民工是否获取除创业培训外的其他政策。获得其他优惠政策的样本赋值为 1，否则赋值为 0。该变量包括创业前与创业后两期数据。

4. 控制变量

依据目前学者们的研究[①]，本章从个体及家庭特征、人力资本和社会网络三个方面选取控制变量，通过问卷题项设置得到两期数据。个体及家庭特征选取年龄（*Age*）、政治面貌（*Pol*）变量；人力资本选取企业投入资金（ln*Fund*）变量；社会网络选取亲朋好友人数（*Fri*）。此外，本章还控制了时间和个体固定效应。

变量说明如表 5-1 所示。

表 5-1　变量说明

变量类型	变量名称	变量符号	变量赋值
被解释变量	创业绩效	*Perf*	1＝还没赚钱；2＝0 万~20 万元；3＝20 万~40 万元；4＝40 万~60 万元；5＝60 万~100 万元；6＝100 万~300 万元；7＝300 万~500 万元；8＝500 万~1000 万元；9＝1000 万元以上

[①]　石丹淅、王轶：《乡村振兴视域下农民工返乡创业质量影响因素及其政策促进》，《求是学刊》2021 年第 1 期，第 90~101 页。

续表

变量类型	变量名称	变量符号	变量赋值
解释变量	是否参加培训	Tra	1＝参加创业培训；0＝没有参加创业培训
	创业时间	$Time$	1＝返乡创业后；0＝返乡创业前
	创业培训	$Tra \times Time$	1＝返乡创业前没有参加创业培训，返乡创业后参加创业培训；0＝除赋值为1以外的其他情形
中介变量	政策获取	Ach	1＝获得政策支持；0＝没有获得政策支持
控制变量	年龄	Age	返乡创业农民工的年龄
	政治面貌	Pol	1＝党员；0＝非党员
	企业投入资金	$\ln Fund$	企业投入资金/10000，取自然对数值
	亲朋好友人数	Fri	返乡创业农民工的亲朋好友人数

三 模型构建

使用 PSM-DID 方法可将分析过程分为两个阶段。第一个阶段通过倾向得分匹配法（PSM）利用二元 Logistic 模型得出匹配值，将实验组与对照组样本进行匹配。[①] 第二个阶段利用匹配后的两组样本采用双重差分法（DID）进行回归，得出相应的结果。通过以上分析，本章先采用倾向得分匹配法给实验组匹配相近的对照组，再在匹配后的样本范围内采用双重差分法来检验创业培训政策对返乡农民工创业收入水平的影响。本章将样本划分为四组：政策实施前参加培训的返乡农民工样本，政策实施后参加培训的返乡农民工样本，政策实施前对照组返乡农民工样本，政策实施后对照组返乡农民工样本。根据以上变量设

---

① Rosenbaum, P.R., Rubin, D.B., "The Central Role of the Propensity Score in Observational Studies for Causal Effects." *Biometrika*, 1983, 70 (1): 41-55.

置，构建如下模型：

$$Perf = \beta_0 + \beta_1 Tra \times Time + \sum Control + \varepsilon \qquad (5-1)$$

模型（5-1）中，$Control$ 表示控制变量，包括年龄、政治面貌、企业投入资金、亲朋好友人数。ε 是误差项。

第三节 实证检验与结果分析

一 基于 PSM-DID 方法的回归分析

（一）描述性统计分析

表 5-2 为变量的描述性统计结果。由表 5-2 可见，$Perf$ 的均值为 3.189，说明样本创业绩效适中；最小值和最大值之间差距较大，说明各样本之间的创业绩效差异明显。Tra 的均值为 0.451，表明大概有 45% 的返乡农民工参与了创业培训，参与创业培训与没有参与创业培训的样本量相差不大。Ach 的均值为 0.300，说明样本政策获取水平较低。控制变量中，Age 的均值为 38.074，说明样本中返乡创业农民工群体以中年人为主，与现实情况较为符合。

表 5-2 变量的描述性统计结果

变量	样本量	均值	中位数	标准差	最小值	最大值
$Perf$	3744	3.189	2	1.936	1	9
Tra	3744	0.451	0	0.498	0	1
$Time$	3744	0.500	0.500	0.500	0	1

续表

变量	样本量	均值	中位数	标准差	最小值	最大值
Ach	3744	0.300	0	0.458	0	1
Age	3744	38.074	38	8.775	13	71
Pol	3744	0.130	0	0.337	0	1
ln*Fund*	3744	3.600	3.367	1.571	0.000	12.429
Fri	3744	8.408	4	32.717	0	1000

（二）倾向得分匹配

本章根据返乡农民工是否参与创业培训对总样本进行划分。将参加过创业培训的返乡农民工样本设置为实验组，没有参加过创业培训的返乡农民工样本设置为对照组，同时将返乡创业农民工的年龄（*Age*）、政治面貌（*Pol*）、企业投入资金（ln*Fund*）、亲朋好友人数（*Fri*）设置为匹配变量。使用倾向得分匹配法中的一对一近邻匹配法，在对照组中挑选与实验组最为匹配的样本，由此缓解由选择偏差导致的内生性问题。若匹配变量在匹配后无显著性差异，则表明使用PSM-DID方法是可行的，否则该方法不适用。通过对匹配变量进行平衡性检验，得到的结果见表5-3。由表5-3可知，匹配后所有匹配变量的偏差相较于匹配前都有一定幅度的下降，且匹配后的偏差均保持在10%以内。同时由表5-3中的T值和p值可知，匹配前实验组与对照组变量间存在较大差异，而匹配后各变量均不存在较大差异。综上，实验组与对照组在匹配后各匹配变量都不存在明显区别，因此使用PSM-DID方法是可行的。

表 5-3　倾向得分匹配平衡性检验结果

变量	匹配	实验组均值	对照组均值	偏差（%）	减少偏差（%）	T 值	p 值
Age	匹配前	39.477	36.921	29.500	91.1	8.960	0.000
	匹配后	39.486	39.26	2.600		0.750	0.450
Pol	匹配前	0.191	0.080	32.900	83.4	10.180	0.000
	匹配后	0.191	0.173	5.400		1.380	0.166
$\ln Fund$	匹配前	3.899	3.354	34.9	94.7	10.720	0.000
	匹配后	3.892	3.921	-1.9		-0.500	0.617
Fri	匹配前	10.733	6.499	12.500	44.1	3.950	0.000
	匹配后	8.918	11.287	-7.000		-2.210	0.027

同时，可以得出一对一近邻匹配法下实验组与对照组的倾向值在匹配前后的核密度图（见图 5-1）。由核密度图可知，匹配前实验组与对照组的倾向值概率分布存在明显差异；匹配后实验组与对照组倾向值概率分布的差异缩小，二者分布趋向一致。匹配前后概率分布对比明显。由匹配前后比较可知，匹配后的概率分布结果较好。基于以上检验结论，本章使用 PSM-DID 方法的分析结果是可信的。

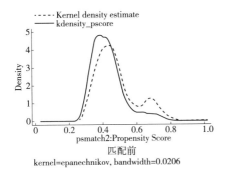
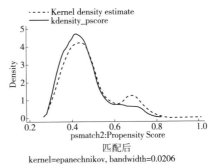

图 5-1　匹配前后的核密度图

（三）基准回归结果分析

基于对以上倾向得分匹配结果的分析，本章接着对匹配后的相关变量采取双重差分法进行回归，得出 PSM-DID 的基准回归结果，如表 5-4 所示。其中，列（1）和列（2）为进行倾向得分匹配前采取双重差分法的回归结果。结果显示，无论是否加入其他控制变量，交互项（$Tra×Time$）的回归系数都在 1% 的水平下显著为正。因此，返乡农民工参与创业培训的行为显著提升了创业绩效。列（3）和列（4）为进行倾向得分匹配后，再进行双重差分法的回归结果。由此有效缓解了样本数据的内生性问题，同时由于删除了未匹配到的样本，回归结果更具精准性。由列（3）和列（4）可知，匹配后交互项（$Tra×Time$）的回归系数均在 1% 的水平下显著为正，说明返乡农民工参加创业培训可以提升创业绩效。可见，在采用 PSM-DID 方法进行回归后结果不变，说明实证结果具有稳健性。参与创业培训可以增加农民工的理论知识与创业认知，提升农民工的综合素质，为创业提供坚实的理论与实践基础，因此有助于创业绩效的提升。上述检验结果验证了本章的假说 1。

表 5-4　基准回归结果

变量	DID		PSM-DID	
	（1）	（2）	（3）	（4）
$Tra×Time$	0.544 ***	0.575 ***	0.535 ***	0.570 ***
	（0.10）	（0.11）	（0.10）	（0.11）

变量	DID		PSM-DID	
	(1)	(2)	(3)	(4)
Age		0.045***		0.048***
		(0.02)		(0.02)
Pol		1.136***		1.128***
		(0.35)		(0.35)
lnFund		0.045***		0.734***
		(0.02)		(0.07)
Fri		1.136***		0.003
		(0.35)		(0.00)
个体/时间固定效应	是	是	是	是
常数项	1.472***	0.787***	2.329***	-1.951***
	(0.07)	(0.11)	(0.04)	(0.59)
样本量	3744	3744	3734	3734
调整后 R²	0.382	0.431	0.382	0.431

注：*** 表示在 1% 的水平下显著；括号内为稳健标准误。

（四）中介机制分析

1. 模型设定

本章主要采用逐步回归法来验证政策获取在创业培训与创业绩效路径中的中介效应。其检验步骤分为三步，在模型（5-1）的基础上，进一步构建模型（5-2）和模型（5-3）：

$$Ach = \beta_0 + \beta_1 Tra \times Time + \sum Control + \varepsilon \qquad (5-2)$$

$$Perf = \chi_0 + \chi_1 Tra \times Time + \chi_2 Ach + \sum Control + \varepsilon \qquad (5-3)$$

模型（5-1）为中介效应检验的第一步，检验创业培训对返乡农民工创业绩效的影响，若回归结果为显著则进行下一步检验。模型（5-2）为中介效应检验的第二步，检验创业培训对政策获取的影响，同样，若回归结果为显著则进行下一步检验。模型（5-3）为中介效应检验的第三步，检验创业培训、政策获取和创业绩效的影响机制。若三个步骤的回归结果均为显著，则可以确定政策获取在创业培训对返乡农民工创业绩效的影响中具有中介效应。

2. 中介变量回归结果分析

由表5-4可知，创业培训对返乡农民工创业绩效的提升具有显著影响。对此，进一步研究政策获取的中介效应，以明确创业培训对返乡农民工创业绩效的内在影响机制。通过采用逐步回归法对中介变量，即政策获取在创业培训与返乡农民工创业绩效之间的中介效应进行检验，回归结果如表5-5所示。表5-5的列（1）为基于 PSM-DID 方法估计的创业培训对创业绩效的影响，其回归系数为0.570，在1%的水平下显著，说明返乡农民工参与创业培训的行为显著提升了其创业绩效。表5-5的列（2）为创业培训对政策获取的影响，$Tra \times Time$ 的回归系数为0.344，在1%的水平下显著，说明创业培训与政策获取显著正相关，结合列（1）的回归结果，从侧面验证了假说2。

表5-5 中介变量回归结果

变量	Perf	Ach	Perf
	（1）	（2）	（3）
$Tra \times Time$	0.570 ***	0.344 ***	0.503 ***
	（0.11）	（0.02）	（0.12）

续表

变量	Perf	Ach	Perf
	（1）	（2）	（3）
Ach			0.195 * （0.11）
其他控制变量	是	是	是
个体/时间固定效应	是	是	是
常数项	−1.951 *** （0.59）	−0.388 *** （0.13）	−1.875 *** （0.59）
样本量	3734	3734	3734
调整后 R^2	0.431	0.647	0.432
Sobel 检验的 p 值			0.000
Bootstrap 检验的 p 值			0.000

注：*** 、* 分别表示在 1%、10%的水平下显著；括号内为稳健标准误。

表 5-5 的列 （3） 中，Tra×Time 和 Ach 的回归系数均显著为正。根据中介效应的检验步骤[①]，本章进一步对政策获取在创业培训对返乡农民工创业绩效的影响中发挥的中介效应进行了 Sobel 和 Bootstrap 检验。Sobel 检验的 p 值小于 0.01，即在 1%的水平下显著，说明中介效应成立，中介效应为 42.6%，直接效应为 74.1%。因此，政策获取在创业培训对返乡农民工创业绩效的影响中发挥了显著的中介效应。Bootstrap 检验设定的抽样次数为 1000 次，置信水平为 95%时中介效应的置信区间为 ［0.366，0.551］，直接效应的置信区间为 ［0.446，0.791］，均不包括 0，

---

① 温忠麟、张雷、侯杰泰、刘红云：《中介效应检验程序及其应用》，《心理学报》2004 年第 5 期，第 614~620 页。

说明存在中介效应，中介效应为 42.6%，与 Sobel 检验结果一致。综上所述，创业培训可以通过政策获取影响返乡农民工创业绩效，假说 3 得到了验证。

从以上分析可知，在创业培训对创业绩效的影响中，政策获取对其路径传导起到了重要的中介效应。一方面，创业培训对政策获取具有显著的正向影响。由于创业培训扶持政策多为配套服务，积极参与创业培训的返乡农民工更容易获得政府相关政策的支持。另一方面，政策获取对创业绩效也具有显著的正向影响，进一步推进了返乡农民工创业绩效的提升。因此，返乡创业农民工通过参加创业培训，其政策获取能力增强，从而提升了创业绩效。

二 稳健性检验

（一）更换匹配方法

本章进行基准回归分析时使用的是一对一近邻匹配法，在此基础上，进一步更换实验组与对照组的匹配方法，依次使用半径匹配法和核匹配法对样本数据进行回归分析。表 5-6 中列（1）和列（2）为使用半径匹配法的回归结果。结果显示，创业培训均在 1% 的水平下显著为正。列（3）和列（4）为使用核匹配法的回归结果。结果显示，创业培训均在 1% 的水平下显著为正。以上研究结果表明，更换其他不同的匹配方法后，无论是否加入相关控制变量，回归结果基本不变，说明基准回归结果具有较强的稳健性。

表5-6　更换匹配方法的回归结果

变量	半径匹配法		核匹配法	
	（1）	（2）	（3）	（4）
$Tra \times Time$	0.534*** (0.10)	0.566*** (0.11)	0.538*** (0.10)	0.569*** (0.11)
其他控制变量	否	是	否	是
个体/时间固定效应	是	是	是	是
常数项	2.330*** (0.036)	-1.856*** (0.59)	2.330*** (0.04)	-1.841*** (0.59)
样本量	3741	3741	3742	3742
调整后 R^2	0.382	0.431	0.382	0.431

注：*** 表示在1%的水平下显著；括号内为稳健标准误。

（二）安慰剂检验

为了进一步验证基准回归结果的稳健性，本章借鉴 Cai 等的方法[1]，在总体样本中随机选取实验组与对照组进行检验。从1872个样本中随机抽取844个样本，组成虚拟的实验组，剩下的样本则组成虚拟的对照组，运用双重差分法构建出虚拟的交互项，进行安慰剂检验。为了避免其他小概率事件对估计结果的干扰，本章依据上述回归分析过程随机重复了500次，得出的结果如表5-7所示。列（1）和列（2）显示，创业培训的回归系数均为负但不显著。此外，由于分组是随机的，基于得出的随机抽样

[1] Cai, X., Lu, Y., Wu, M., et al., "Does Environmental Regulation Drive away Inbound Foreign Direct Investment? Evidence from a Quasi-Natural Experiment in China." *Journal of Development Economics*, 2016, 123 (8): 73-85.

DID 的回归系数和 p 值可知，在进行安慰剂检验后，DID 回归系数的均值接近于 0，且绝大部分 p 值大于 0.1。表 5-4 的列（1）显示，创业培训的回归系数为 0.544，在安慰剂检验回归系数中可以列入异常值。此结果进一步证明本章的结论是稳健的。

表 5-7　安慰剂检验结果

变量	（1）	（2）
$Tra×Time$	-0.035	-0.071
	(0.10)	(0.10)
其他控制变量	否	是
个体/时间固定效应	是	是
常数项	2.330***	-0.032
	(0.04)	(0.69)
样本量	3744	3744
调整后 R^2	0.373	0.696

注：*** 表示在 1% 的水平下显著；括号内为稳健标准误。

三　异质性分析

（一）区域异质性分析

由于我国幅员辽阔，各个地区的返乡农民工创业培训实施情况和创业绩效各不相同。为此，本章将我国分为东部、中部和西部三个地区，进行区域异质性分析，回归结果如表 5-8 所示。表 5-8 的列（1）～列（3）显示，在东部、中部、西部地区，返乡农民工参与创业培训的行为都对创业绩效产生促进作用。相比之下，东部地区中交互项对返乡农民工创业绩效的影响更大。这是由于相较于中部和西部地区我国东部地区城镇化水平更高,在政策实施方面更具优势。

表5-8　区域异质性回归结果

变量	东部	中部	西部
	(1)	(2)	(3)
$Tra×Time$	0.413**	0.293**	0.353*
	(0.19)	(0.12)	(0.18)
其他控制变量	是	是	是
个体/时间固定效应	是	是	是
常数项	-0.911*	-0.801	-0.521
	(0.55)	(0.57)	(0.55)
样本量	3734	3734	3734
调整后 R^2	0.425	0.430	0.429
Chow 检验		1.17***	1.15***

注:*、**、***分别表示在10%、5%、1%的水平下显著;括号内为稳健标准误。

(二)行业异质性分析

为了进一步研究返乡农民工创业前后从事行业相关度不同的情况下创业培训对创业绩效的影响,本章以创业前后行业相关度为切入点,通过问卷设置相关问题,将创业前后从事行业划分为行业相同、行业不同和行业相关三类,分别检验创业培训对创业绩效的影响,回归结果如表5-9所示。其中,列(1)显示,行业相同创业培训的回归系数为0.449,在1%的水平下显著。列(2)显示,行业不同创业培训的回归系数为0.164,但结果不显著。列(3)显示,行业相关创业培训的回归系数为0.330,在10%的水平下显著。因此,在相同行业和相关行业中,创业培训对返乡农民工创业绩效具有显著的促进作用。三者相比，在创业前后从事行业不同时，创业培训对返乡农民工创业绩效的影响不显著。

表 5-9 行业异质性回归结果

变量	行业相同	行业不同	行业相关
	（1）	（2）	（3）
$Tra×Time$	0.449***	0.164	0.330*
	（0.14）	（0.13）	（0.19）
其他控制变量	是	是	是
个体/时间固定效应	是	是	是
常数项	−0.718	−0.557	−0.536
	（0.56）	（0.56）	（0.55）
样本量	3734	3734	3734
调整后 R^2	0.431	0.429	0.429

注：***、*分别表示在1%、10%的水平下显著；括号内为稳健标准误。

第四节 小结

一 结论

本章基于返乡农民工创业者的 1872 份样本，运用 DID 和 PSM-DID 方法，探究创业培训、政策获取对返乡农民工创业绩效的影响，并从区域和行业相关度两个方面进行了异质性分析，得到以下三点结论。第一，创业培训对返乡农民工创业绩效的影响显著，并且在加入相关的控制变量后，模型拟合程度上升。这说明我国积极推进返乡农民工创业培训扶持政策对返乡农民工创业有着重要的促进作用。返乡农民工参与创业培训有助于提升创业绩效。第二，返乡农民工参与创业培训可以更好地获取政策支持，而这些扶持政策的获取使返乡农民工的创业绩效得到了更大的提升。创业培训可以通过政策获取对返乡农民工创业绩效产生影响。第三，异质性检验表明，不同区域、行业相关度下创业培训对返乡农民工创业绩效的影响不同。较之于中西部地区，东部地区创业培训扶持政策的效果更好。从行业相关度来看，创业前后从事行业相同或相关的人群受创业培训政策的影响显著。创业前后从事行业相同或相关的人群经验丰富，创业培训能显著提升创业绩效。创业前后从事行业不同的人群，由于缺少相关经验，相比于前者受政策的影响较弱。

二　启示

本章的研究结论具有一定的启示。第一，政府应针对农民工创业的培训需求，因人、因地制定适宜的培训内容。创业培训需要针对不同区域、不同行业的人群制订计划和内容，力求能够为不同群体的不同需求开展个性化的创业培训，实现返乡农民工创业绩效的有效提升。第二，通过创业培训能够增强农民工的政策获取能力。政府在创业培训中应积极宣传返乡农民工创业的相关扶持政策，使农民工充分了解和运用相关扶持政策，以提升返乡农民工创业绩效。第三，政府应加大培训资金投入，优化农民工创业培训环境，改善培训条件，优化培训设施，不断提升培训质量，以吸引参与创业培训的人员，促进返乡农民工创业绩效的提升。

第六章 政策认知、创业环境与返乡农民工创业培训绩效

近年来，我国劳动力供需形势发生了变化，一方面，农村地区劳动力持续向城镇地区转移就业，城镇就业压力不断增大[①]；另一方面，农村地区"空心化"和"老龄化"的问题不断加深。在此背景下，党的十九大报告强调"支持和鼓励农民就业创业，拓宽增收渠道"，"大规模开展职业技能培训，注重解决结构性就业矛盾，鼓励创业带动就业"。返乡创业是促进农村经济发展、缓解农村社会问题的有效途径。创业作为经济长期增长与创新发展的内生动力，已逐步成为解决"三农"问题的关键。[②] 现阶段各级政府积极鼓励返乡农民工创业，但现实中城乡二元体制尚未完全消除，与城市相比，农村教育以及就业环境较差。在此背景下，推进返乡农民工创业培训是营造良好的创业环境、提升农民工创业素养、提高创业培训绩效的重要手段。

本章主要探讨政策认知、创业环境对返乡农民工创业培训绩

[①] 佟光霁、邢策：《政府支持农民工返乡创业的多元化投资模式研究——基于演化博弈的分析》，《西部论坛》2020年第2期，第57~65页。

[②] 陈习定、张芳芳、黄庆华、段玲玲：《基础设施对农户创业的影响研究》，《农业技术经济》2018年第4期，第80~89页。

效的影响。本章研究的理论意义在于，从政策认知以及创业环境入手探究返乡农民工创业培训绩效的影响因素，丰富了返乡农民工创业的相关研究；本章研究的现实意义在于，通过对创业培训政策以及创业环境这些政策供给侧因素对返乡农民工创业培训绩效的影响进行研究，为今后各地落实和完善返乡农民工创业培训政策、加大对返乡农民工创业的扶持力度、营造良好的创业环境、提高返乡农民工创业培训绩效提供可供参考的政策建议。

有关创业的研究一直是国内外学者关注的重点领域。关于农民工创业问题，当前研究主要从以下几个维度展开。第一，农民工创业前意愿。为了寻找吸引返乡农民工创业的路径[①]，并为进一步推动"以创业带动就业"，鼓励和引导返乡农民工创业[②]，学者们开始采用不同的研究视角对返乡农民工创业意愿的影响因素进行研究。例如，有研究发现农民工的个体特征[③]、家庭特征[④]等因素普遍对其创业动机产生显著影响。王肖芳基于河南省农民工返乡创业数据研究了相对与绝对创业区位的选择对于农民工创业意愿的影响，发现创业区位显著影响农民工的创业动机。[⑤] 伍如昕和何薇薇以人力、社会和心理资本为视角，研究了新生代农民

---

① 胡豹：《浅析返乡农民工创业意愿影响因素》，《企业经济》2010 年第 12 期，第 61~63 页。

② 张秀娥、张峥、刘洋：《返乡农民工创业动机及激励因素分析》，《经济纵横》2010 年第 6 期，第 50~53 页。

③ 才凤伟：《农民工城市创业影响因素研究》，《西北农林科技大学学报》（社会科学版）2013 年第 6 期，第 27~32 页。

④ 谭宇：《民族地区返乡农民工的创业动机与方向——来自湖北省恩施州的调查》，《贵州民族研究》2011 年第 2 期，第 116~122 页。

⑤ 王肖芳：《创业区位影响农民工创业动机吗？——基于河南省 379 位返乡创业农民工的实证研究》，《经济经纬》2017 年第 6 期，第 38~43 页。

工创业动机的影响因素。[①] 吕诚伦基于湖南省 482 位返乡农民工调查数据，探究了农民工个体特征、家庭特征和社会资本特征对农民工返乡创业意愿的影响，结果表明农民工返乡创业意愿会受到社会资本、外部条件等因素的影响。[②] 除此之外，非收入预期[③]、金融支持[④]、创业环境[⑤]等因素也会影响农民工创业意愿。第二，农民工创业中行为。在农民工创业过程中，机会识别以及自我效能感对其创业活动的开展和创业模式的选择均发挥着重要作用。[⑥] 一方面，创业机会的识别能够引导创业行为，并对特定区域内部创业模式的选择产生影响[⑦]；另一方面，创业自我效能感作为个体完成创业目标的信心[⑧]，通过增强创业意愿，对个体的创业行为产生积极的促进作用[⑨]。第三，农民工创业后绩效。创业绩效是指企业在创业过程中完成某项任务的程度，是判断企

① 伍如昕、何薇薇：《新生代农民工创业动机和意愿的影响因素分析——以人力、社会和心理资本为视角》，《湖南农业大学学报》（社会科学版）2018 年第 1 期，第 53~60、72 页。

② 吕诚伦：《农民工返乡创业意愿的影响因素分析——基于湖南省 482 位返乡农民工调查数据》，《求索》2016 年第 9 期，第 139~143 页。

③ 何微微：《新生代农村劳动力转移动因研究——1109 份调查数据的实证分析》，《现代财经（天津财经大学学报）》2016 年第 11 期，第 11~20 页。

④ 刘宇娜、张秀娥：《金融支持对新生代农民工创业意愿的影响分析》，《经济问题探索》2013 年第 12 期，第 115~119 页。

⑤ 张立新、段慧昱、戚晓妮：《创业环境对返乡农民工创业意愿的影响》，《农业经济与管理》2019 年第 1 期，第 72~83 页。

⑥ 许晟、邵云云、徐瑜珍等：《政府支持、家庭支持对新生代农民创业行为的影响机制研究》，《农林经济管理学报》2020 年第 2 期，第 181~189 页。

⑦ 孙红霞、刘冠男：《制度环境与农村创业行为演变——基于一个村庄的创业案例研究》，《学习与探索》2016 年第 9 期，第 95~100 页。

⑧ 张思敏、薛永基、冯潇：《创业态度、创业环境影响农民创业行为的机理研究——基于结构方程模型的农民创业调查分析》，《调研世界》2018 年第 7 期，第 47~55 页。

⑨ Oh, S. H., Ha, K. S., "Effects on Entrepreneurial Intention by Start-Up Environment and Self-Efficacy Mediated by Fear of Business Failure." *Journal of Digital Convergence*, 2013, 11: 143-157.

业投入产出情况的重要指标，国内多数学者从人力资本、社会资本以及创业环境等因素入手，对农民工创业绩效的影响因素进行分析。[①] 例如，林龙飞和陈传波利用全国"返乡创业抽样调查"数据，研究发现农民工外出创业经历可以显著提升返乡农民工的创业绩效。[②] 戚迪明和刘玉侠以浙江省为例指出，人力资本、政策获取对返乡农民工创业绩效具有显著影响。[③]

近年来，返乡农民工创业绩效的影响因素开始受到学者们的关注。当前，国内学者关于返乡农民工创业绩效影响因素的研究主要可分为三大类。第一，研究农民工个体因素对返乡创业绩效的影响。学者们将对农民工个体因素的研究逐步发展到更深入的层次，由年龄、文化程度、电话费支出、兄弟姐妹数、创业年数等普遍因素[④]到对农民工人力资本要素的进一步剖析[⑤]，以及细化农民工人格特质的构成维度[⑥]，并重点关注这些要素与创业绩效间的关系。第二，研究外部环境因素对返乡创业绩效的影响。有关创业环境的研究视角很多，其构成维度也较为庞杂[⑦]，针对返

---

① 柳建坤、何晓斌、张云亮：《农户创业何以成功？——基于人力资本与社会资本双重视角的实证研究》，《社会学评论》2020年第3期，第105~117页。

② 林龙飞、陈传波：《外出创业经历有助于提升返乡创业绩效吗》，《现代经济探讨》2019年第9期，第101~107页。

③ 戚迪明、刘玉侠：《人力资本、政策获取与返乡农民工创业绩效——基于浙江的调查》，《浙江学刊》2018年第2期，第169~174页。

④ 朱红根：《政策资源获取对农民工返乡创业绩效的影响——基于江西调查数据》，《财贸研究》2012年第1期，第18~26页。

⑤ 郭铖、何安华：《培训对农民涉农创业绩效的影响——考虑创业者人力资本禀赋调节效应的实证研究》，《农业经济与管理》2019年第1期，第84~91页。

⑥ 罗明忠、陈明：《人格特质对农民创业绩效影响的实证分析——兼议人力资本的调节作用》，《华中农业大学学报》（社会科学版）2015年第2期，第41~48页。

⑦ 朱红根、江慧珍、康兰媛：《创业环境对农民创业绩效的影响——基于DEA-Tobit模型的实证分析》，《商业研究》2015年第3期，第112~118页。

乡农民工创业环境的研究主要集中于经济条件这一维度①。除此之外，也有学者从政策环境的角度进行分析。比如，徐辉和陈芳借助定性评价与定量分析的方法，细化公共支持政策并研究其对新生代农民工创业绩效的影响。② 何晓斌和柳建坤使用有序概率模型考察了政府支持对返乡创业绩效的影响，指出政府支持对返乡创业绩效具有正向作用。③ 朱红根基于江西省 438 份返乡创业农民工调查数据，研究发现政策资源获取对农民工返乡创业绩效有重要影响。④ 第三，研究创业者社会网络对返乡创业绩效的影响。中国农村长期以来就是一个熟人社会，宗族网络发达，具有良好的社会信任。⑤ 基于此，学者多从社会资本角度入手，研究农民工创业者的社会关系网络架构对创业绩效的影响，并通过大量的实证检验发现，社会资本各维度（关系资本、资源资本、结构资本）对农民工创业绩效有显著的正向影响。⑥ 强力制度保障与有效政策扶持对推进返乡农民工创业至关重要，部分学者通过对创业培训绩效的研究，考察了培训政策的效果。徐金海等根据江苏省部分典型县级市的问卷调查，借助结构方程模型

---

① 李长生、黄季焜：《异质性信贷约束对农民创业绩效的影响》，《财贸经济》2020 年第 3 期，第 146~161 页。
② 徐辉、陈芳：《公共支持政策对新生代农民工创业绩效影响评价及其影响因素分析》，《农村经济》2015 年第 8 期，第 126~129 页。
③ 何晓斌、柳建坤：《政府支持对返乡创业绩效的影响》，《北京工业大学学报》（社会科学版）2021 年第 5 期，第 48~63 页。
④ 朱红根：《政策资源获取对农民工返乡创业绩效的影响——基于江西调查数据》，《财贸研究》2012 年第 1 期，第 18~26 页。
⑤ 柳建坤、何晓斌、张云亮：《农户创业何以成功？——基于人力资本与社会资本双重视角的实证研究》，《社会学评论》2020 年第 3 期，第 105~117 页。
⑥ 吴溪溪、吴南南、马红玉：《社会资本、创业自我效能感与农民工创业绩效研究——基于陕西省 722 份调研问卷》，《世界农业》2020 年第 1 期，第 108~117 页。

（SEM）对培训绩效进行了实证考察，培训绩效指标主要体现在农民对新技术的掌握、经营能力的提升、农业产量及收入的提高等方面。[1] 朱奇彪等通过运用问卷调查以及深度访谈的方法系统，分析了新型职业农民培训意愿、培训对新技术采纳情况的影响、培训增收效果和幅度等培训绩效评估效果，并构建了相应的指标。[2]

　　通过梳理上述文献不难发现，当前关于返乡农民工创业绩效影响因素的研究较为丰富，但鲜有针对返乡农民工创业培训绩效开展的研究，因此本书做出以下努力。第一，在研究对象上，当前研究多为探究返乡创业绩效影响因素，缺乏创业培训绩效影响因素的深入分析，本章以创业培训绩效为对象进行分析，丰富了返乡农民工创业活动的研究。第二，在研究内容上，关于创业培训绩效影响因素的研究尚不多见，本章基于此将个体因素与客观环境因素相结合，考虑个体以及环境因素对创业培训绩效的作用，综合农民工个体因素、创业环境因素以及政策认知因素，剖析其对创业培训绩效的影响。第三，在研究方法上，通过对全样本进行分类，进一步开展异质性分析，使研究结论更具有针对性，并为后续返乡农民工创业培训活动的开展提出建议。

---

① 徐金海、蒋乃华、秦伟伟：《农民农业科技培训服务需求意愿及绩效的实证研究：以江苏省为例》，《农业经济问题》2011 年第 12 期，第 66~72、111 页。

② 朱奇彪、米松华、黄莉莉、杨良山、陆益：《新型职业农民培训的绩效评估与分析——基于浙江省农村中高级"两创"人才培训的调查》，《江苏农业科学》2014 年第 2 期，第 407~411 页。

第一节 理论分析与研究假说

本章借鉴已有研究，在实地调研的基础上，将影响返乡农民工创业培训绩效的因素划分为农民工个体特征因素、家庭特征因素、政策认知因素以及创业环境因素。

一 农民工个体特征

农民工年龄、学历、婚姻状况等个体特征是影响农民工行为的重要因素[①]，但学术界尚未明确对农民工创业行为与创业意愿影响程度最大的因素。Folmer 研究发现，年龄、婚姻状况、学历和财富因素对农民的创业行为产生决定性作用。[②] 朱红根研究指出，年龄越大、文化程度越高、创业时间越长，农民工的创业绩效就越高。[③] 郑秀芝等研究表明，农民创业者的企业家才能、经商经历、务工经历、经济基础等均对创业绩效产生重要作用。[④] 赵德昭利用 693 个返乡农民工调查数据，研究认为务工时间越长，农民工返乡创业绩效越高，并且拥有创业经验的农民工返乡创业

---

① 陈浩天、蔡丽丽：《农户认知、政策信任与教育扶贫清单执行绩效——基于河南省 20 村 1542 户贫困农户的实证调查》，《教育与经济》2020 年第 1 期，第 11~18 页。

② Folmer, H., "Why Sociology Is Better Conditioned to Explain Economic Behaviour Than Economics." *Kyklos*, 2010, 62（2）：258-274.

③ 朱红根：《政策资源获取对农民工返乡创业绩效的影响——基于江西调查数据》，《财贸研究》2012 年第 1 期，第 18~26 页。

④ 郑秀芝、邱乐志、张益丰：《农民创业绩效影响因素分析和实证检验》，《统计与决策》2019 年第 15 期，第 109~111 页。

绩效越高。[①] 据此，本章提出以下研究假说。

假说 1：返乡创业农民工的个体特征对创业培训绩效产生显著影响。

二　农民工家庭特征

返乡创业者的社会资本对创业获得产生至关重要的作用[②]，其中家庭支持通过创业自我效能感对创业行为产生影响[③]。朱红根和康兰媛实证分析了家庭资本禀赋与农民创业绩效间的关系，结果表明，创业绩效是家庭人力资本、经济资本、政策资本等资本禀赋综合作用的结果。[④] 李后建和刘维维的研究强调了家庭异质性对农民创业绩效的影响，得出家庭嵌入的多样性及共享经验均与创业绩效呈现倒 U 形关系。[⑤] 家庭规模和家庭年收入可以反映农民工家庭的人力资本和资本禀赋：一方面，家庭规模越大，社会网络越大，拥有的社会资本和人力资本禀赋就越丰裕，对创业培训政策的获取就越容易，对创业培训政策的认知就越高，从而创业培训政策的实施效果就越好；另一方面，家庭年收入越高，农民工创业的资本禀赋就越充裕，融资约束就越小，创业阻

---

① 赵德昭：《农民工返乡创业绩效的影响因素研究》，《经济学家》2016 年第 7 期，第 84～91 页。

② 柳建坤、何晓斌、张云亮：《农户创业何以成功？——基于人力资本与社会资本双重视角的实证研究》，《社会学评论》2020 年第 3 期，第 105～117 页。

③ 许晟、邵云云、徐梅珍等：《政府支持、家庭支持对新生代农民创业行为的影响机制研究》，《农林经济管理学报》2020 年第 2 期，第 181～189 页。

④ 朱红根、康兰媛：《家庭资本禀赋与农民创业绩效实证分析》，《商业研究》2016 年第 7 期，第 33～41、56 页。

⑤ 李后建、刘维维：《家庭的嵌入对贫困地区农民创业绩效的影响——基于拼凑理论的实证检验》，《农业技术经济》2018 年第 7 期，第 132～142 页。

力也越小，创业培训政策的实施就越容易，创业培训绩效就越高。据此，本章提出如下研究假说。

假说 2：返乡创业农民工的家庭特征对创业培训绩效产生显著影响。

三　农民工政策认知

创业认知对创业者的创业活动产生重要影响[1]，创业认知不仅影响创业者的行为而且也会对创业者行为起到指导作用。农民工对返乡创业培训政策的认知反映出其对政策的理解深度和掌握程度，农民工对创业培训政策的认知程度越深，其对创业培训政策的满意度就越高[2]，进而使得农民工对创业培训政策的绩效评价就越高，从而有利于推动创业培训政策的实施。反之，如果政府与公众对政策认知存在分歧，那么会导致相关项目的绩效损失和社会冲突，最终不利于政策的有效落实。[3] 林乐芬和顾庆康研究表明，农户对农村土地股份合作社的政策越了解，对农村土地股份合作社的收入预期越高，就越愿意加入农村土地股份合作社，从而也就越有利于提升农村土地股份合作社的绩效评价。[4] 与此同时，农民工对返乡创业培训政策的认知也可以体现出创业

---

[1] Mitchell, M., Pedersen, L. H., Pulvino, T., " Slow Moving Capital. " *Social Science Electronic Publishing*, 2007, 97（2）: 215-220.

[2] 熊翅新、习佳遥、滕玉华、付莲莲：《政策认知、政策力度与农户清洁能源应用政策满意度研究——基于江西省 695 个农户调查数据》，《农林经济管理学报》2018 年第 3 期，第 357~364 页。

[3] 霍春龙：《认知分歧与共享现实：公共政策绩效损失是如何产生的?》，《兰州大学学报》（社会科学版）2017 年第 3 期，第 67~75 页。

[4] 林乐芬、顾庆康：《农户入股农村土地股份合作社决策和绩效评价分析——基于江苏1831 份农户调查》，《农业技术经济》2017 年第 11 期，第 49~60 页。

培训政策的质量，培训系统的质量体现在培训师资、培训内容、培训配套设施、培训机构等方面。[①] 通过研究，国内外学者指出培训质量与培训绩效间具有一定的相关性，高效的培训课程[②]，多样化的培训方法[③]，目标性强的教学目的[④]，培训的内容、安排、实施[⑤]等是影响培训绩效的重要因素，会对培训者的总体学习满意度产生影响。

在借鉴徐金海等研究成果[⑥]的基础上，结合实地调查，通过采用农民工的政策认知体现培训质量，发现农民工对政策的认知具体涉及创业培训机构、创业培训内容、创业培训计划安排、创业培训师资、创业培训配套设施、创业培训效果、创业培训补贴力度、创业培训后续支持等方面，返乡农民工的创业培训绩效在很大程度上受到其对政策认知及政策培训质量的影响，体现了各项政策实施的供给力度对创业培训绩效的作用。由此可见，农民工对创业培训政策的认知越高，创业培训绩效就越高。据此，本章提出以下研究假说。

假说3：返乡创业农民工的政策认知对创业培训绩效产生显

---

① 张伶、何建华：《培训系统与农民工职业培训绩效关系的实证研究》，《经济管理》2011 年第 11 期，第 76~83 页。

② Tziner, A., Haccoun, R. R., Kadish, A., " Personal and Situational Characteristics Influencing the Effectiveness of Transfer of Training Improvement Strategies. " *Journal of Occupational Psychology*, 2011, 64（2）：167-177.

③ Palmer, R. E., Verner, C. A., " Comparison of Three Instruction Techniques. " *Adult Education Quarterly*, 1959, 9：232-238.

④ Noe, R. A., Schmitt, N., " The Influence of Trainee Attitudes on Training Effectiveness： Test of a Model. " *Personnel Psychology*, 1986, 39：497-523.

⑤ 陈永光：《高师院校教师教育技术能力培训实践及绩效评价研究》，《现代教育技术》2011 年第 6 期，第 71~75 页。

⑥ 徐金海、蒋乃华、秦伟伟：《农民农业科技培训服务需求意愿及绩效的实证研究：以江苏省为例》，《农业经济问题》2011 年第 12 期，第 66~72、111 页。

著影响。

四 创业环境

创业环境是指创业者所处的现实环境，它是对创业行为产生影响的各项因素的综合。王转弟和马红玉研究表明，创业环境对创业绩效具有正向促进作用。[1] 关于创业环境与创业绩效之间的关系，不同的学者从不同的维度进行论证。例如，刘影和魏凤从微观环境特性角度出发，利用结构方程方法研究环境动态性和环境复杂性对农民创业生存绩效和成长绩效的影响，认为环境动态性对创业生存绩效具有显著促进效应，对创业成长绩效影响不显著，环境复杂性对创业生存绩效和成长绩效具有显著促进效应。[2] 朱红根等利用微观调查数据，实证研究了基础设施环境、金融服务环境、科技文化环境等创业环境对农民创业绩效的影响。[3] 陈芳以民族地区农民创业为视角，研究民族地区农村创业环境对创业绩效的影响。[4] 良好创业环境的营造会促使农民工的创业意愿更强、创业培训需求更大，因而良好的创业环境有助于创业培训政策绩效的提高。郭铖和何安华利用745个农民涉农创业样本进行考察，研究得出从长远来看，农民涉

[1] 王转弟、马红玉：《创业环境、创业精神与农村女性创业绩效》，《科学学研究》2020年第5期，第868~876页。
[2] 刘影、魏凤：《微观环境与农民创业绩效关系研究——基于陕西省223名农民创业者的实证分析》，《华东经济管理》2014年第9期，第167~171页。
[3] 朱红根、江慧珍、康兰媛：《创业环境对农民创业绩效的影响——基于DEA-Tobit模型的实证分析》，《商业研究》2015年第3期，第112~118页。
[4] 陈芳：《民族地区农村创业环境对创业绩效的实证检验》，《内蒙古社会科学》（汉文版）2015年第4期，第171~176页。

农创业绩效的提高需要政府健全农村创业服务体系、优化农村创业环境的结论。[①]

本章借鉴高小锋和魏凤的研究方法[②]，从交通环境和市场环境入手，研究交通环境、基础设施和经济条件对返乡农民工创业培训绩效的影响。便捷的交通运输条件、健全的基础设施和良好的经济发展条件能够有效鼓励返乡农民工进行创业，提升返乡农民工创业积极性，提高返乡农民工创业成功率。[③] 由此可见，营造良好的创业环境能够有效提高返乡农民工创业培训绩效。据此，本章提出如下研究假说。

假说4：创业环境对创业培训绩效产生显著影响。

第二节　实证研究设计

一　数据来源

本书所用数据由全国15所高校、科研单位的在读学生以及本课题组2019年到国家发展改革委等部门联合发布的全国返乡创业试点地区进行直接调查获得。被调查对象为参与返乡创业培训的创业者，调查时间在创业者所创办企业的工商营业执照有效期内。调研内容主要包括返乡创业农民工个体特征、家庭特征、对

---

① 郭铖、何安华：《社会资本、创业环境与农民涉农创业绩效》，《上海财经大学学报》（哲学社会科学版）2017年第2期，第76~85页。

② 高小锋、魏凤：《创业环境对农民新创企业绩效的影响》，《贵州农业科学》2014年第3期，第223~227页。

③ 王转弟、马红玉：《创业环境、创业精神与农村女性创业绩效》，《科学学研究》2020年第5期，第868~876页。

返乡创业培训政策的认知、返乡创业现状等。调研区域包含安徽、山东、广东、江西等 21 个省份，剔除无效问卷后经过整理获取有效问卷 2082 份，问卷的有效率为 66.73%。

样本中，男性返乡创业者所占比重高达 70.7%，表明相较于女性而言，男性更倾向于返乡创业。就年龄分布来看，返乡创业者的年龄多在 33 岁以上，占比达 77.3%，33 岁及以下返乡创业者占 22.7%。总体来看，新生代农民工返乡创业率较低，中年农民工返乡创业率较高。从创业者的文化程度分布来看，各个学历层次的返乡创业者的分布较为均匀，呈现初中及以下，高中、中专、技校，大专及以上三个学历层次均匀分布的格局，分别占样本总量的 38.5%、32.1% 和 29.4%。返乡创业者以已婚者为主，占样本总量的 91.0%。

二　变量选择

（一）被解释变量选择

本章的被解释变量为返乡农民工创业培训绩效。对于返乡农民工创业培训绩效的衡量可以使用两种方法：一是以企业发展指标，例如企业收入、利润等进行测度的客观评价法；二是以受访者主观满意度为度量标准的主观评判法。考虑到作为本章被调查对象的农民工参与培训的时间短，对培训的认识仍然处于初级阶段，无法采用相关财务数据进行客观指标的替代，本章借鉴陈浩天和蔡丽丽的方法[①]，采用"创业培训政策满意度"衡量返乡农民工创业培训绩效，该被解释变量题项设置为"您对创业培训政策是否满意"，答案设置为"极不满意""很不满意""不满意""一般""满意""很满意""非常满意"七个选项。

（二）解释变量选择

本章关注的核心解释变量是返乡农民工创业培训政策认知及创业环境。结合研究假说、现有研究成果以及调查问卷的设计，本章选取创业培训机构、创业培训内容、创业培训计划安排、创业培训师资、创业培训效果等21个指标作为解释变量，具体见表6-1。与所有基于截面数据进行分析的模型一样，返乡农民工创业培训绩效模型可能面临政策认知的内生性问题，而其余变量反映的是创业培训开展前的情况，不具有明显的内生性问题[②]，因此本章对政策认知、创业环境、个体特征以及家庭特征进行因子提取，对21个指标进行重构，提取其中的主成分，解决了可能存在的内生性问题，增强了研究结果的可靠性。

表6-1　变量选择

变量类型	变量名称	变量赋值	均值
被解释变量	创业培训政策满意度	0＝不满意；1＝满意	0.618

---

① 陈浩天、蔡丽丽：《农户认知、政策信任与教育扶贫清单执行绩效——基于河南省20村1542户贫困农户的实证调查》，《教育与经济》2020年第1期，第11~18页。

② 曾亿武、陈永富、郭红东：《先前经验、社会资本与农户电商采纳行为》，《农业技术经济》2019年第3期，第38~48页。

变量类型	变量名称	变量赋值	均值
解释变量	政策认知	创业培训机构	极不满意 = 1；很不满意 = 2；不满意 = 3；一般 = 4；满意 = 5；很满意 = 6；非常满意 = 7	4.628
		创业培训内容	极不满意 = 1；很不满意 = 2；不满意 = 3；一般 = 4；满意 = 5；很满意 = 6；非常满意 = 7	4.742
		创业培训计划安排	极不满意 = 1；很不满意 = 2；不满意 = 3；一般 = 4；满意 = 5；很满意 = 6；非常满意 = 7	4.580
		创业培训师资	极不满意 = 1；很不满意 = 2；不满意 = 3；一般 = 4；满意 = 5；很满意 = 6；非常满意 = 7	4.589
		创业培训效果	极不满意 = 1；很不满意 = 2；不满意 = 3；一般 = 4；满意 = 5；很满意 = 6；非常满意 = 7	4.672
		创业培训配套设施	极不满意 = 1；很不满意 = 2；不满意 = 3；一般 = 4；满意 = 5；很满意 = 6；非常满意 = 7	4.586
		创业培训补贴力度	极不满意 = 1；很不满意 = 2；不满意 = 3；一般 = 4；满意 = 5；很满意 = 6；非常满意 = 7	4.238
		创业培训补贴方式	极不满意 = 1；很不满意 = 2；不满意 = 3；一般 = 4；满意 = 5；很满意 = 6；非常满意 = 7	4.337
		创业培训后续支持	极不满意 = 1；很不满意 = 2；不满意 = 3；一般 = 4；满意 = 5；很满意 = 6；非常满意 = 7	4.391
		创业培训跟踪服务	极不满意 = 1；很不满意 = 2；不满意 = 3；一般 = 4；满意 = 5；很满意 = 6；非常满意 = 7	4.181
		创业培训政府扶持	极不满意 = 1；很不满意 = 2；不满意 = 3；一般 = 4；满意 = 5；很满意 = 6；非常满意 = 7	4.374
		创业培训金融扶持	极不满意 = 1；很不满意 = 2；不满意 = 3；一般 = 4；满意 = 5；很满意 = 6；非常满意 = 7	4.291
	创业环境	创业地的交通便利	极不满意 = 1；很不满意 = 2；不满意 = 3；一般 = 4；满意 = 5；很满意 = 6；非常满意 = 7	4.735
		创业地的基础设施	极不满意 = 1；很不满意 = 2；不满意 = 3；一般 = 4；满意 = 5；很满意 = 6；非常满意 = 7	4.540
		创业地的经济条件	极不满意 = 1；很不满意 = 2；不满意 = 3；一般 = 4；满意 = 5；很满意 = 6；非常满意 = 7	4.275

续表

变量类型	变量名称		变量赋值	均值
解释变量	个体特征	性别	男=1；女=2	1.288
		年龄	22~31岁=1；32~41岁=2；42~51岁=3；52岁及以上=4	2.625
		学历	小学及以下=1；初中=2；高中、中专、技校=3；大专=4；本科及以上=5	3.767
		婚姻状况	未婚=1；其他=2	1.926
	家庭特征	家庭人口	1人=1；2人=2；3人=3；4人=4；5人及以上=5	3.841
		家庭年收入	10万元及以下=1；10万~20万元=2；20万~30万元=3；30万~40万元=4；40万元以上=5	1.940

本章采用二元 Logistic 模型研究政策认知、创业环境对返乡农民工创业培训绩效的影响。根据二元 Logistic 模型的分析，要将调查问卷中衡量返乡农民工创业培训绩效的替代变量，即创业培训政策满意度转换为二分变量。借鉴方鸣和詹寒飞的方法[①]，将该选项的回答转换为二元变量，即将"极不满意""很不满意""不满意""一般"赋值为 0，表示对创业培训政策不满意；将"满意""很满意""非常满意"赋值为 1，表示对创业培训政策满意。据此，本章构建如下模型：

$$\text{Logistic}_{it}(P_i) = \ln\left(\frac{P_i}{1-P_i}\right) = \beta_0 + \sum_{i=1}^{n} \beta_i Z_i + \varepsilon_{it}$$

其中，P_i 表示创业培训政策实施的高绩效概率，即被解释变

[①] 方鸣、詹寒飞：《返乡农民工对创业培训政策满意度的影响因素分析》，《财贸研究》2016年第6期，第54~59页。

量为 1 的概率；$1-P_i$ 则表示创业培训政策实施的低绩效概率，即被解释变量为 0 的概率；β_0 为常量；Z_i 表示返乡农民工创业培训绩效第 i 个影响因素，β_i 表示其回归系数；ε_{it} 为随机误差项。

第三节　实证检验与结果分析

一　可行性分析

针对回收的调研数据进行 KMO 检验和 Bartlett 球形度检验，以验证是否可对测量变量进行因子分析。结果显示，KMO 检验值达到 0.871，大于 0.6；Bartlett 球形度检验的近似卡方值为 5421.777，p 值为 0.000，小于 0.001。这说明变量间相关性强而偏相关性弱，因子分析的效果好，适合进行因子分析。

二　因子分析

运用 SPSS 24.0 软件中的主成分分析法对 21 个解释变量进行因子分析，根据特征值大于 1 的原则选取了 5 个因子，它们的累计贡献率达 58.959%，表明这 5 个因子可以反映 21 个解释变量的绝大部分信息，故本章选取这 5 个因子作为公因子，进一步利用最大方差旋转法得到旋转后的因子载荷矩阵，并根据因子载荷系数对各个公因子进行命名，如表 6-2 所示。

表 6-2　5 个公因子旋转后的因子载荷矩阵

公因子名称		指标	成分 1	成分 2	成分 3	成分 4	成分 5
政策认知	政策支持认知	创业培训补贴方式	0.837				
		创业培训补贴力度	0.810				
		创业培训后续支持	0.791				
		创业培训跟踪服务	0.700				
		创业培训政府扶持	0.631				
		创业培训金融扶持	0.596				
	政策内容认知	创业培训机构		0.776			
		创业培训内容		0.769			
		创业培训计划安排		0.692			
		创业培训配套设施		0.648			
		创业培训师资		0.657			
		创业培训效果		0.595			
创业环境		创业地的交通便利			0.83		
		创业地的基础设施			0.832		
		创业地的经济条件			0.695		
个体特征		年龄				0.785	
		婚姻状况				0.782	
		学历				−0.505	
		性别				0.001	
家庭特征		家庭年收入					0.679
		家庭人口					0.379

公因子提取与确定后，利用回归法可测算出各个公因子 F_i （$i=1$，2，3，4，5）的得分系数，并通过旋转后的方差百分比可得出综合因子，即：

$$F = 17.837F_1 + 16.194F_2 + 10.722\ F_3 + 7.723\ F_4 + 6.483F_5$$

由综合因子公式以及表 6-2 可知，返乡农民工创业培训绩效可由"政策支持认知"、"政策内容认知"、"创业环境"、"个体特征"以及"家庭特征"等 5 个公因子加以评价。

三　基于二元 Logistic 模型的回归分析

为进一步分析政策认知和创业环境对返乡农民工创业培训绩效的影响，采用二元 Logistic 模型进行回归，利用 SPSS 24.0 软件进行回归分析，将 5 个公因子作为解释变量纳入回归模型对返乡农民工创业培训绩效进行回归，具体回归结果见表 6-3。

表 6-3　二元 Logistic 模型的回归结果

变量	B	标准误差	沃尔德	自由度	显著性	Exp（B）
政策支持认知	0.768	0.114	45.414	1	0.000	2.155
政策内容认知	1.563	0.140	124.914	1	0.000	4.773
创业环境	0.524	0.106	24.623	1	0.000	1.690
个体特征	0.181	0.094	3.737	1	0.053	1.199
家庭特征	0.161	0.096	2.826	1	0.093	1.175
常量	0.769	0.102	57.043	1	0.000	2.158

由表 6-3 可知，政策内容认知（F_2）对返乡农民工创业培训绩效的影响最大，且其回归系数为正，说明在创业培训政策实施的初期，返乡农民工创业培训的内容认知对创业培训绩效，即创业培训政策满意度有显著的积极作用，对政策内容越满意越有助于创业培训绩效的提升；同样，政策支持认知（F_1）也是影响返乡农民工创业培训绩效的一个重要因素，其回归系数显著为正，

系数为 0.768，体现出当个体对创业培训的政策支持认知每提高 1%，该个体的创业培训绩效就提高 0.768%，表明农民工对扶持政策的认知越高，创业培训绩效也就越高，验证了假说 3；创业环境（F_3）对创业培训绩效的影响在 1% 的水平下显著，且系数为正，体现出创业环境的营造对创业培训绩效产生显著正向影响，与假说 4 一致，但也应注意到，创业环境对创业培训绩效的影响明显小于政策认知对创业培训绩效的影响；个体特征（F_4）和家庭特征（F_5）的沃尔德系数较小，说明二者对创业培训绩效的影响较小，且均对创业培训绩效产生正向影响，体现出学历越高、年龄越长、家庭人口越多、家庭年收入越高的已婚男性对创业培训绩效的评价越高。

第四节　拓展性分析

一　农民工代际异质性分析

近年来，伴随着经济社会的发展，代际分化在农民工群体内部日益凸显，老一代农民工与新生代农民工之间由于生命周期、社会经历、成长环境等方面的不同，二者在受教育程度、工作技能上存在明显差异[1]，从而影响其对返乡创业政策以及本地创业环境的认知。考虑到这些差异的存在，有必要对二者进行划分，

---

[1]　郑真真：《中国流动人口变迁及政策启示》，《中国人口科学》2013 年第 10 期，第 36~45、126~127 页。

本章借鉴段成荣和马学阳的方法[①]，将 1980 年及以后出生的农民工界定为新生代农民工（年龄为 22~41 岁），1980 年以前出生的农民工就不再做细分，将其界定为老一代农民工（年龄在 42 岁及以上），对二者进行异质性分析，回归结果如表 6-4、表 6-5 所示。

表 6-4　老一代农民工的二元 Logistic 模型回归结果

变量	B	标准误差	沃尔德	自由度	显著性	Exp（B）
政策支持认知	0.853	0.158	29.166	1	0.000	2.348
政策内容认知	1.367	0.177	59.889	1	0.000	3.924
创业环境	0.537	0.138	15.025	1	0.000	1.710
个体特征	-0.186	0.124	2.259	1	0.133	0.830
家庭特征	0.556	0.132	17.656	1	0.000	1.743
常量	0.782	0.134	33.959	1	0.000	2.186

表 6-5　新生代农民工的二元 Logistic 模型回归结果

变量	B	标准误差	沃尔德	自由度	显著性	Exp（B）
政策支持认知	0.825	0.179	21.193	1	0.000	2.281
政策内容认知	1.789	0.230	60.257	1	0.000	5.985
创业环境	0.617	0.171	13.068	1	0.000	1.853
个体特征	0.139	0.147	0.889	1	0.346	1.149
家庭特征	0.124	0.154	0.652	1	0.420	1.133
常量	0.799	0.163	24.010	1	0.000	2.223

[①] 段成荣、马学阳：《我国农民工的代际差异状况分析》，《劳动经济评论》2011 年第 1 期，第 34~53 页。

表6-4反映了政策认知与创业环境对老一代农民工创业培训绩效的影响，表6-5反映了政策认知与创业环境对新生代农民工创业培训绩效的影响。观察表6-4、表6-5可知，在政策认知与创业环境的3个因子变量中，按照影响由大到小可将三者排序为政策内容认知、政策支持认知与创业环境，且三者对老一代与新生代农民工创业培训绩效均体现出正向显著作用。进一步地，通过与老一代农民工的对比可以看出，新生代农民工政策内容认知对创业培训绩效的影响更大，说明老一代与新生代农民工在对返乡创业政策内容认知上存在差异。新生代农民工由于接受的教育、接触的环境等因素较老一代农民工而言更为先进、更加开放，所以对政策内容方面更为关注与了解。因此，在进行创业培训过程中，新生代农民工对政策内容的认知对自身创业培训绩效的影响也就更大；相较而言，老一代农民工更为注重政策支持方面的内容，政策支持认知对其创业培训绩效的影响更大。

二　返乡创业行业异质性分析

选择合适的创业行业能够有效降低创业风险，提升创业成功率，并有助于创业培训绩效的提高。赵浩兴和张巧文通过研究发现，创业者的外出务工以及创业经历对创业企业的进一步发展作用显著，并积极推动创业企业的发展。[①] 据此，在问卷中设置题项"您返乡创业的领域与外地工作或企业的关系是怎样的？"，对

[①]　赵浩兴、张巧文：《返乡创业农民工人力资本与创业企业成长关系研究——基于江西、贵州两省的实证分析》，《华东经济管理》2013年第1期，第130~133页。

应选项为"1. 都是同一行业；2. 与外地工作（或创业）的行业相关；3. 返乡企业完全是新的行业"。根据相关选项，本章将选项 1 与选项 2 合并表示为"返乡创业行业非全新行业"，将样本区分为返乡创业行业是否为全新行业进行异质性研究，最终回归结果如表 6-6、表 6-7 所示。

表 6-6　返乡创业行业非全新行业的二元 Logistic 模型回归结果

变量	B	标准误差	沃尔德	自由度	显著性	Exp（B）
政策支持认知	1.822	0.220	68.565	1	0.000	6.186
政策内容认知	0.808	0.182	19.763	1	0.000	2.244
创业环境	0.625	0.156	16.020	1	0.000	1.867
个体特征	0.233	0.133	3.085	1	0.079	1.262
家庭特征	0.024	0.134	0.033	1	0.856	1.025
常量	0.664	0.148	20.189	1	0.000	1.942

表 6-7　返乡创业行业是全新行业的二元 Logistic 模型回归结果

变量	B	标准误差	沃尔德	自由度	显著性	Exp（B）
政策支持认知	0.879	0.164	28.722	1	0.000	2.408
政策内容认知	1.373	0.191	51.535	1	0.000	3.947
创业环境	0.457	0.157	8.457	1	0.004	1.579
个体特征	0.088	0.146	0.367	1	0.544	1.092
家庭特征	0.288	0.151	3.638	1	0.056	1.333
常量	0.984	0.158	38.831	1	0.000	2.674

表 6-6、表 6-7 的回归结果显示，不论返乡创业行业是否为全新行业，政策支持认知、政策内容认知与创业环境对创业者创

业培训绩效的影响都起显著的正向作用，这一结果与基准回归结果保持一致。进一步地，对于返乡创业行业非全新行业的创业者而言，政策支持认知的影响最大，创业环境的影响最小；而对于返乡创业行业是全新行业的创业者而言，政策内容认知的影响最大，创业环境的影响最小。合理的解释是，相较于接触陌生的行业，创业行业选择与自身过去工作经验相关行业的创业者更有经验、更专业也更有把握将创业企业做好，因此他们更为关注创业支持政策，对该部分更为敏感；而对于进入全新行业的创业者而言，他们则更多地关注政策内容，对创业培训的师资、配套设施等更为关注。

第五节　小结

一　结论

本章利用全国 21 个省份的 2082 份返乡创业农民工调查数据，实证分析了政策认知、创业环境对返乡农民工创业培训绩效的影响。进一步地，考虑样本内部的差异性进行实证拓展研究，按照农民工是否为新生代农民工以及返乡创业行业是否为全新行业进行分类，最终得出如下结论。第一，返乡农民工创业培训绩效主要受"政策支持认知"、"政策内容认知"、"创业环境"、"个体特征"以及"家庭特征"等 5 个因素的影响。第二，"政策支持认知"、"政策内容认知"、"创业环境"、"个体特征"以及"家庭特征"均对返乡农民工创业培训绩效存在正向影响。第三，进一步通过异质性分析可知，"政策支持认知"、"政策内容认知"以及"创业环境"对老一代与新生代农民工的创业培训绩效均存在显著的正向影响；不论创业行业是否为全新行业，"政策支持认知"、"政策内容认知"与"创业环境"均对返乡农民工的创业培训绩效具有显著的正向影响。

二　启示

基于以上结论，本章得出以下几点启示。

第一，进一步完善返乡创业培训政策内容，提升农民工创业培训认知，为返乡农民工创业提供必要的技术保障。重视返乡农民工的创业培训工作，树立"以创业促就业"的观念，通过创业培训扶持政策以及内容政策的不断完善，逐步提升农民工对返乡创业培训的满意度，并为返乡农民工创业工作的开展打下坚实的技术基础，提供良好的技术保障。

第二，加强对返乡农民工创业的政策支持与资金扶持，为返乡农民工创业提供相应的政策保障。对返乡创业农民工在培训补贴、培训跟踪服务、培训金融服务等方面提供便利，为返乡创业的农民工提供适当的政策优惠，提升创业农民工对培训政策的认识，让农民工更为直观地感受到政策对返乡创业的倾斜，提升农民工对创业培训的满意度，从而更好地增强返乡农民工创业意愿，推动返乡农民工创业工作的开展。

第三，积极营造良好的创业环境。良好创业环境的营造更有利于加深农民工对创业培训政策的认识并放大培训政策的作用，从而有利于充分调动农民工创业的积极性与主动性。鉴于此，政府应加强农村基础设施建设，加大对农村创业企业的扶持力度，注重农村地区人才引进，因地制宜开展创新发展，实现多元合作，并推进公共信息平台建设，鼓励返乡农民工创业，帮助农民工了解创业流程与创业政策，并通过培训在农民工中营造良好的创业氛围，提升其创业能力、树立其创业意识及增强其创业信心。

第七章　政策建议

在"大众创业、万众创新"时代，返乡农民工创业已成为实现农村劳动力转移就业、解决"三农"问题、助推乡村振兴的有效途径。本书通过构建返乡农民工创业培训扶持政策绩效评估分析框架，深入考察返乡农民工创业培训扶持政策绩效水平及其影响因素，在此基础上提出以下政策建议，以期有效化解返乡农民工在创业培训和创业过程中所面临的阻碍，提升返乡农民工的创业绩效。

第一节　营造良好返乡创业环境

一　完善基础设施建设

完备的基础设施为返乡农民工创业奠定了必要的物质技术基础。改善基础设施，为不同类型创业者提供一般性基础设施服务，是返乡创业的必要条件。目前部分农村地区仍然存在交通不便、基础设施不完善等问题，这提高了返乡农民工创业成本，抑制了返乡农民工创业的意愿，影响了返乡创业扶持政策的落实。

因此政府应加强农村基础设施建设，提高交通、水利、电力等基础设施建设质量，为返乡农民工提供良好创业环境和便捷创业条件，降低返乡农民工初创成本。完善农村网络建设，实现农村网络全覆盖，以便返乡创业农民工及时获取党和政府的相关政策、最新的创业理念和行业最新信息。同时，政府应进一步完善返乡创业园区和基地，并规范返乡创业园区和基地的用电、用水、用地标准，加大场地租金等方面的优惠力度，提供企业指导等服务，满足农民工创业需求，减少返乡农民工创业过程中面临的阻碍，保障返乡农民工创业。

二 拓宽返乡创业渠道

依托互联网，充分发挥政府优势，积极引进投资，丰富农民工创业选择，促进新技术与当地特色资源的结合。第一，以政府投资或市场化运作的方式，集中建造一批标准厂房，通过厂房低价租赁等方式，提供各种优质配套服务，对中小企业实施孵化培育，促使其快速健康成长。提高资源配置效率，缩短创业周期，降低初创成本，吸引更多返乡农民工创业。第二，加快发展劳动密集型农产品加工业，使产业链向第二、第三产业延伸，催生出以农业生产为基础的各类农产品加工企业和与农业相关的各类服务性行业，拓宽返乡农民工创业渠道。同时，积极鼓励返乡农民工自主经营，提高产品质量和品牌优势，鼓励返乡农民工创业并开发新的产业项目，促进农村产业良性循环。加大创业渠道宣传力度。政府负责搭建返乡创业宣传平台，如使用微信公众号、微博等发布家乡创业渠道的相关政策与信息，积极与有创业意愿的农民工进行交流，提供政策和信息解读，激发返乡农民工创业的积极性。

三 搭建数据服务平台

返乡农民工在创业过程中大多对市场信息理解不深，在选择创业项目时，存在盲目模仿他人创业模式、与市场需求不匹配等问题。因此，需要建立返乡农民工创业综合数据服务平台，对返乡农民工创业过程中所遇到的问题进行统一有效的指导，提供登记、注册、指导、咨询等一站式服务。返乡创业数据服务平台纵向上可以及时准确地向返乡创业人员传递各类信息，提高返乡创业的市场化水平，也能收集返乡农民工相关数据，以便对返乡农民工创业意愿及方向进行分析；横向上可以加强返乡创业人员之间的交流沟通，以便他们共享创业经验和市场信息。通过对各类返乡创业信息集中管理，利用大数据构建创业项目数据库服务平台可以为返乡农民工提供相关创业理论指导，包括与返乡创业有关的政策法规、市场动态等。同时推进公共信息平台建设，帮助农民工了解创业流程和扶持政策，营造良好的创业氛围，鼓励返乡农民工创业，并提高其创业能力。

第二节 优化返乡创业培训体系

一 提升创业培训质量

返乡农民工因个体因素、家庭因素、社会因素使其对创业培训内容要求具有差异性，然而本课题组经过调研发现，返乡农民工创业培训内容单一，并不能满足返乡农民工的需求。返乡农民工创业培训不能停留在增加培训人员的数量上，要在提升质量上下功夫。首先，丰富创业培训内容。返乡创业培训主体要依据实际情况，统筹资源，顺应市场发展趋势，把握市场需求。例如，对于具有旅游资源的乡村，培训内容应结合旅游景点，使得返乡农民工在接受相关创业培训后，开展相应创业活动，提升创业成功率。其次，创新返乡创业培训模式。摒弃传统的理论教学方式，利用"互联网+教学"，采用短期培训和长期培训相结合的方式，打破时间和空间的限制，提高创业培训学习的灵活性，有效提升返乡农民工参与创业培训的积极性。考虑到返乡农民工学习能力的差异，应采取循序渐进的学习方式，兼顾不同人群的需要，结合农村地域特色和人文特点，帮助其选择适应市场发展需要、符合自身素质的创业培训项目。尝试案例教学、情景教学等实践性的教学方法，将培训置于真实环境下，以车间、工厂、田地为课堂，实施现场教学，进行本土文化教育和培训，充分利用地区优势，促进农村经济发展。

二　整合创业培训资源

返乡创业培训资源分散是造成创业培训扶持政策实施绩效低的重要原因。创业培训资源的分散使得创业培训没有形成体系，返乡农民工不能接受系统的培训，降低返乡创业培训质量，返乡农民工参与创业培训的积极性受到影响。因此，整合创业培训资源是提高创业培训质量的必要途径。第一，要加强创业培训指导队伍建设。本课题组经过调研发现，返乡农民工创业培训指导队伍建设问题主要是培训教师缺乏创业实践经验，无法解决返乡农民工遇到的现实问题。提升培训师资的质量对于提高创业培训效果具有重要的作用。因此，政府应设立负责返乡创业农民工培训和新型职业农民培育的专门机构，把政府部门、涉农院校、农业龙头企业等人员纳入相应工作组，同时鼓励相关返乡创业扶持机构与高校合作，充分利用高校的教师资源和实践基地，补足返乡农民工创业知识短板，积累有关创业活动经验，降低返乡农民工创业活动中的风险，提高培训效率。第二，全方位打造返乡农民工创业培训服务平台，将培训服务、融资服务、技术咨询等融为一体，推进多层次创业服务网络平台建设。一方面可以拓宽资源供给渠道，提升稀缺资源的利用度，促进资源配置；另一方面能够帮助返乡农民工明确创业流程、有效简化创业手续，提高创业的便利性，降低返乡农民工创业扶持政策信息的获得门槛，使得返乡创业者能够随时掌握创业的最新趋势，调动返乡农民工创业培训的积极性，提高创业成功的可能性。

三　强化创业培训服务

本课题组调查发现，返乡创业农民工培训后的创业率偏低，有待进一步提升，一个重要的原因是目前的农民工创业培训重培训、轻服务，关注中间的培训环节而忽视两头的宣传发动与跟踪服务环节。因此，完善宣传和跟踪服务机制是重中之重。第一，政府可以组织成立相关返乡创业培训扶持政策宣传小组，通过互联网传播引导，充分利用微信、微博、电视、广播等宣传渠道，采取走访、举办座谈会、设置专项宣传点等线下宣传方式，通过解读相关政策、宣讲优秀创业案例等活动鼓励返乡农民工创业，激发返乡农民工创业热情，让有意愿返乡创业的农民工能够及时、全面地了解创业扶持政策，提升返乡创业培训扶持政策惠及度。第二，建设后续跟踪服务专家小组，解决返乡农民工创业在方向选择、资金筹集、具体实施过程中可能面临的困难。对于初次创业的农民工，创业过程中可能会遇到由资金短缺和其他不确定的非人为因素导致的风险，以及产品定位不准、对市场需求分析不到位等带来的市场风险，导致其创业的稳定性较低。专家小组可以及时为初期创业人员提供技术、经营等方面的帮助，解决返乡农民工创业过程中遇到的难题。

第三节 强化返乡创业保障机制

一 健全创业风险保障体系

政府牵头开展积极有效的产业项目引导，避免返乡农民工因缺乏经营经验和生产技术，急于求成、盲目跟风地选择一些市场热门产品而造成的创业失败。创业与风险是相伴而生的，应进一步建立健全返乡农民工创业风险保障体系，以消除创业人员的后顾之忧，为创业提供隐形保护伞。首先，强化返乡创业项目计划分析工作，并细致梳理创业过程中可能面临的问题与风险点，由行业专家对其计划书和风险点进行评判，以便规避创业风险，同时向返乡农民工创业者传授一些防范风险的措施。其次，设立返乡创业咨询服务机构，为农民工提供创业咨询服务。定期开展市场和企业调研访谈，分析本地区市场行情和供需关系。针对不同的返乡创业农民工进行行业需求匹配，提供可靠性高、可操作性强的建议和咨询服务，降低由信息不对称和恶性市场竞争引发的创业风险。最后，建立农民工创业风险保障基金。通过将企业销售经营利润以适当的方式进行提存，设立风险损失补偿基金和风险损失防范基金，增强创业者抵御风险的能力。

二　强化创业资金扶持政策

农民工因外出务工难以形成储蓄，往往面临资金不足的问题。一方面，由于自身的素质问题，大部分农民工外出务工收入较低。另一方面，农村资金供给不足，政府财政支持有限，贷款面临融资渠道单一、贷款难等困境，农村地区缺乏配套的金融服务机构，更多地依赖银行贷款，许多银行小额信贷程序复杂。为此，政府应进一步完善返乡农民工创业资金扶持政策，加大返乡创业资金支持。

返乡农民工创业过程中面临的首要问题是缺乏创业初始资金，由于自身难以满足个人融资贷款的条件，返乡农民工创业难度增加。针对这一问题，首先，应进一步提高农村金融服务质量，推出与返乡农民工相适应的信贷产品以降低融资门槛，简化融资手续，减轻农民工偿还贷款压力。针对农民工创业初期资金不足的问题，由政府出面降低抵押贷款条件，对于符合市场要求以及有创业前景的项目，由相关机构和部门出面给予担保。其次，通过丰富担保方式提升返乡农民工获得贷款的能力，例如，可以采用小额担保的方式，或者由多个不同的个体户共同为返乡农民工担保，分担担保金额，使得返乡农民工获得所需资金。最后，设置农民工创业扶持专项基金，为返乡创业农民工在培训补贴、培训跟踪服务、培训金融服务等方面提供便利。同时采取差异化的创业资金扶持政策，根据返乡农民工创业所处时期不同给予不同的创业资金扶持力度。对于创业初期的企业给予较大的税收减免力度和优惠政策，以推动创业活动的顺利开展。

三　完善政策执行监督机制

农民工返乡创业政策"自上而下"的实施涉及政府多个机构和不同部门，应进一步完善政策执行监督机制，有效保障返乡农民工创业政策的落实。第一，政府在政策制定过程中，应广泛征求返乡创业人员的意见，以更好地集中民意，制定更加切实可行的返乡农民工创业政策。各级政府部门及其工作人员还应接受来自公众和媒体的监督，将返乡创业人员是否满意作为考核各级政府返乡农民工创业政策落实情况的标准。第二，为落实各项政策，还应建立健全返乡农民工创业政策实施的监督问责制度，定期进行监督考核，将返乡创业成效纳入考核范围。进一步完善政策执行的监督评价指标，细化工作任务，并对政策执行情况进行监督。政府应科学制定返乡农民工创业年度评估报告，结合地区经济社会发展规划，制定科学合理的年度考核指标。

参考文献

一 中文文献

包国宪、孙加献：《政府绩效评价中的"顾客导向"探析》，《中国行政管理》2006年第1期。

边燕杰、丘海雄：《企业的社会资本及其功效》，《中国社会科学》2000年第2期。

才凤伟：《农民工城市创业影响因素研究》，《西北农林科技大学学报》（社会科学版）2013年第6期。

陈艾华、孔冬：《农民工培训效果关键影响因素识别——基于对浙江省农民工培训调查的内容分析》，《社会科学战线》2012年第4期。

陈芳：《民族地区农村创业环境对创业绩效的实证检验》，《内蒙古社会科学》（汉文版）2015年第4期。

陈浩天、蔡丽丽：《农户认知、政策信任与教育扶贫清单执行绩效——基于河南省20村1542户贫困农户的实证调查》，《教育与经济》2020年第1期。

陈文超：《诱致性变迁下的中国农村发展——读墨菲〈农民工改

变中国农村〉》，《中共福建省委党校学报》2014 年第 11 期。

陈习定、张芳芳、黄庆华、段玲玲：《基础设施对农户创业的影响研究》，《农业技术经济》2018 年第 4 期。

陈永光：《高师院校教师教育技术能力培训实践及绩效评价研究》，《现代教育技术》2011 年第 6 期。

程广帅、谭宇：《返乡农民工创业决策影响因素研究》，《中国人口·资源与环境》2013 年第 1 期。

戴建兵、毛海斌：《晋冀鲁豫边区农贷运行特色及制度绩效》，《安徽师范大学学报》（人文社会科学版）2020 年第 6 期。

邓宝山：《全面认识创业培训 提高创业培训质量》，《中国劳动》2015 年第 11 期。

丁高洁、郭红东：《社会资本对农民创业绩效的影响研究》，《华南农业大学学报》（社会科学版）2013 年第 2 期。

丁煜、徐延辉、李金星：《农民工参加职业技能培训的影响因素分析》，《人口学刊》2011 年第 3 期。

杜海东、李业明：《创业环境对新创企业绩效的影响：基于资源中介作用的深圳硅谷创业园实证研究》，《中国科技论坛》2012 年第 9 期。

段成荣、马学阳：《我国农民工的代际差异状况分析》，《劳动经济评论》2011 年第 1 期。

范波文、应望江：《家庭背景对农民创业模式的影响研究——基于"千村调查"的数据分析》，《江西财经大学学报》2020 年第 3 期。

方鸣、詹寒飞：《返乡农民工对创业培训政策满意度的影响因素分析》，《财贸研究》2016 年第 6 期。

　　付世茹、任新平：《促进农民工返乡创业以助力乡村振兴的对策》，《乡村科技》2021 年第 3 期。

　　高小锋、魏凤：《创业环境对农民新创企业绩效的影响》，《贵州农业科学》2014 年第 3 期。

　　葛建新：《对振兴东北装备制造业的几点认识》，《经济管理》2004 年第 21 期。

　　辜胜阻、武兢：《扶持农民工以创业带动就业的对策研究》，《中国人口科学》2009 年第 3 期。

　　顾桥：《关于湖北农村工业化发展现状的思考》，《财会月刊》2005 年第 30 期。

　　郭铖、何安华：《培训对农民涉农创业绩效的影响——考虑创业者人力资本禀赋调节效应的实证研究》，《农业经济与管理》2019 年第 1 期。

　　郭铖、何安华：《社会资本、创业环境与农民涉农创业绩效》，《上海财经大学学报》2017 年第 2 期。

　　郭志仪、隆宗佐：《对我国城市土地低效利用的经济学反思》，《学术论坛》2008 年第 3 期。

　　韩秋黎、石伟平、王家祥：《农民工培训问题调查》，《中国职业技术教育》2007 年第 3 期。

　　何微微：《新生代农村劳动力转移动因研究——1109 份调查数据的实证分析》，《现代财经（天津财经大学学报）》2016 年第 11 期。

　　何晓斌、柳建坤：《政府支持对返乡创业绩效的影响》，《北京工业大学学报》（社会科学版）2021 年第 5 期。

胡豹：《浅析返乡农民工创业意愿影响因素》，《企业经济》2010 年第 12 期。

胡俊波：《农民工返乡创业扶持政策绩效评估体系：构建与应用》，《社会科学研究》2014 年第 5 期。

黄德林：《中国农民创业研究》，中国农业出版社，2008。

黄宏磊：《农村青年创业的现状与对策研究——基于湖北五乡镇的实证调查》，《武汉理工大学学报》（社会科学版）2014 年第 6 期。

黄洁、蔡根女、买忆媛：《农村微型企业：创业者社会资本和初创企业绩效》，《中国农村经济》2010 年第 5 期。

黄迈、徐雪高、王宏、石颖、胡杰成：《农民工等人员返乡创业的政策匹配》，《改革》2016 年第 10 期。

黄乾：《农民工培训需求影响因素的实证研究》，《财贸研究》2008 年第 4 期。

黄瑞玲、安二中：《经济波动下返乡农民工就业促进机制的创新——基于江苏省 13 市 1106 名返乡农民工的调研》，《现代经济探讨》2011 年第 9 期。

霍春龙：《认知分歧与共享现实：公共政策绩效损失是如何产生的?》，《兰州大学学报》（社会科学版）2017 年第 3 期。

李长生、黄季焜：《异质性信贷约束对农民创业绩效的影响》，《财贸经济》2020 年第 3 期。

李后建、刘维维：《家庭的嵌入对贫困地区农民创业绩效的影响——基于拼凑理论的实证检验》，《农业技术经济》2018 年第 7 期。

李华红：《乡—城流动中西部农民工的创业需求》，《开放导报》2012 年第 5 期。

李建民：《人力资本与经济持续增长》，《南开经济研究》1999 年第 4 期。

李乾文：《创业绩效四种理论视角及其评述》，《经济界》2004 年第 6 期。

李实、杨修娜：《农民工培训效果分析》，《北京师范大学学报》（社会科学版）2015 年第 6 期。

李硕：《基于战略视角的创业资源与创业绩效关系研究》，博士学位论文，吉林大学，2014。

李湘平：《中国上市公司治理水平对公司业绩及价值影响的实证研究》，硕士学位论文，中南大学，2005。

李宇：《祁阳县气象为"三农"服务工作探讨》，《科技研究》2014 年第 23 期。

林乐芬、顾庆康：《农户入股农村土地股份合作社决策和绩效评价分析——基于江苏 1831 份农户调查》，《农业技术经济》2017 年第 11 期。

林龙飞、陈传波：《外出创业经历有助于提升返乡创业绩效吗》，《现代经济探讨》2019 年第 9 期。

刘畅：《培训为创业促就业》，《中国劳动》2007 年第 10 期。

刘奉越、孙培东：《农民工学习特点的创业培训论略》，《教育学术月刊》2009 年第 8 期。

刘光明、宋洪远：《外出劳动力回乡创业：特征、动因及其影响——对安徽、四川两省四县 71 位回乡创业者的案例分析》，《中国农村经济》2002 年第 3 期。

刘海：《我国现阶段返乡农民工创业培训研究》，硕士学位论文，山西大学，2014。

刘平青、姜长云：《我国农民工培训需求调查与思考》，《上海经济研究》2005 年第 9 期。

刘唐宇：《农民工回乡创业的影响因素分析——基于江西赣州地区的调查》，《农业经济问题》2010 年第 9 期。

刘轩：《双创背景下农民创业培训服务的现状及思考——基于 303 名创业农民的调查数据》，《成人教育》2016 年第 12 期。

刘影、魏凤：《微观环境与农民创业绩效关系研究——基于陕西省 223 名农民创业者的实证分析》，《华东经济管理》2014 年第 9 期。

刘宇娜、张秀娥：《金融支持对新生代农民工创业意愿的影响分析》，《经济问题探索》2013 年第 12 期。

刘玉侠、任丹丹：《返乡创业农民工政策获得的影响因素分析——基于浙江的实证》，《浙江社会科学》2019 年第 11 期。

柳建坤、何晓斌、张云亮：《农户创业何以成功？——基于人力资本与社会资本双重视角的实证研究》，《社会学评论》2020 年第 3 期。

柳军、谭根梅：《两代农民工参与职业培训的影响因素分析》，《中国劳动》2015 年第 20 期。

娄帆、李小建、白燕飞：《1978 年以来中国沿海与内陆经济格局的转折分析》，《中国人口·资源与环境》2021 年第 5 期。

娄玉花、徐公义：《开展新生代农民工教育和培训模式的研究》，《中国职业技术教育》2013年第30期。

吕诚伦：《农民工返乡创业意愿的影响因素分析——基于湖南省482位返乡农民工调查数据》，《求索》2016年第9期。

吕世辰、陈晨、霍韩琦：《农业转移人口教育培训效益研究》，《天津师范大学学报》（社会科学版）2015年第5期。

罗剑朝、李赟毅等编著《返乡农民工创业与就业指导》，经济管理出版社，2009。

罗明忠、陈明：《人格特质对农民创业绩效影响的实证分析——兼议人力资本的调节作用》，《华中农业大学学报》（社会科学版）2015年第2期。

罗明忠：《个体特征、资源获取与农民创业——基于广东部分地区问卷调查数据的实证分析》，《中国农村观察》2012年第2期。

马芒、徐欣欣、林学翔：《返乡农民工再就业的影响因素分析——基于安徽省的调查》，《中国人口科学》2012年第2期。

马忠国：《社会流动视角下农民工返乡创业路径研究》，《特区经济》2009年第12期。

茅国华、孙文杰：《新生代农民工返乡创业培训研究》，《中国成人教育》2014年第24期。

潘寄青、沈涛：《农民工培训需求与资金支持机制建设》，《求索》2009年第5期。

彭安明、朱红根：《农民工返乡创业政策扶持体系构建研究》，《江西农业大学学报》（社会科学版）2013年第2期。

彭文慧:《社会资本对返乡农民工就业的促进机制与政策建议》,《农村经济》2011年第12期。

戚迪明、刘玉侠:《人力资本、政策获取与返乡农民工创业绩效——基于浙江的调查》,《浙江学刊》2018年第2期。

任旭林、王重鸣:《基于认知观的创业机会评价研究》,《科研管理》2007年第2期。

石丹淅、王轶:《乡村振兴视域下农民工返乡创业质量影响因素及其政策促进》,《求是学刊》2021年第1期。

石智雷、谭宇、吴海涛:《返乡农民工创业行为与创业意愿分析》,《中国农村观察》2010年第5期。

石智雷、杨云彦:《家庭禀赋、家庭决策与农村迁移劳动力回流》,《社会学研究》2012年第3期。

宋克勤、张梦霞:《"第二届企业管理研究与学科建设论坛"会议综述》,《首都经济贸易大学学报》2002年第2期。

孙红霞、刘冠男:《制度环境与农村创业行为演变——基于一个村庄的创业案例研究》,《学习与探索》2016年第9期。

孙武军、贾晓倩、王轶:《民间借贷能提升返乡创业企业的绩效吗?——基于2019年全国返乡创业企业的调查数据》,《财贸研究》2021年第7期。

谭颖、陈晓红:《我国中小企业创业环境的实证研究》,《中南财经政法大学学报》2009年第4期。

谭宇:《民族地区返乡农民工的创业动机与方向——来自湖北省恩施州的调查》,《贵州民族研究》2011年第2期。

田立博、赵宝柱、付晓娜:《从就业状况看新生代农民工职业发展》，《成人教育》2016 年第 1 期。

佟光霁、邢策：《政府支持农民工返乡创业的多元化投资模式研究——基于演化博弈的分析》，《西部论坛》2020 年第 2 期。

王辉、朱健：《农民工返乡创业意愿影响因素及其作用机制研究》，《贵州师范大学学报》（社会科学版）2021 年第 6 期。

王洁琼、孙泽厚：《新型农业创业人才三维资本、创业环境与创业企业绩效》，《中国农村经济》2018 年第 2 期。

王西玉、崔传义、赵阳：《打工与回乡：就业转变和农村发展——关于部分进城民工回乡创业的研究》，《管理世界》2003 年第 7 期。

王肖芳：《创业区位影响农民工创业动机吗？——基于河南省 379 位返乡创业农民工的实证研究》，《经济经纬》2017 年第 6 期。

王轶、丁莉、刘娜：《创业者人力资本与返乡创业企业经营绩效——基于 2139 家返乡创业企业调查数据的研究》，《经济经纬》2020 年第 6 期。

王轶、陆晨云：《财税扶持政策何以提升返乡创业企业经营绩效？——基于全国返乡创业企业的调查数据》，《现代财经（天津财经大学学报）》2021 年第 6 期。

王雨濛、衣晓祺、孔祥智：《自我效能感、资源拼凑与农民创业绩效分析》，《华中农业大学学报》（社会科学版）2022 年第 1 期。

王转弟、马红玉：《创业环境、创业精神与农村女性创业绩效》，《科学学研究》2020 年第 5 期。

温菊萍：《职业农民教育培训模式的比较与选择——基于培训绩效的视角》，《成人教育》2017年第8期。

温敏：《新形势下农民工返乡创业的意义、问题及对策探析》，《农业考古》2014年第1期。

温忠麟、张雷、侯杰泰、刘红云：《中介效应检验程序及其应用》，《心理学报》2004年第5期。

吴克强、赵鑫、谢玉、汪昕宇：《创业韧性对农民工返乡创业绩效的作用机制：一个有调节的中介模型》，《世界农业》2021年第5期。

吴瑞君、薛琪薪：《中国人口迁移变化背景下农民工回流返乡就业研究》，《学术界》2020年第5期。

吴溪溪、吴南南、马红玉：《社会资本、创业自我效能感与农民工创业绩效研究——基于陕西省722份调研问卷》，《世界农业》2020年第1期。

伍如昕、何薇薇：《新生代农民工创业动机和意愿的影响因素分析——以人力、社会和心理资本为视角》，《湖南农业大学学报》（社会科学版）2018年第1期。

夏怡然：《农民工的在职培训需求及其异质性——基于职业选择行为的经验研究》，《世界经济文汇》2015年第2期。

谢勇、周润希：《农民工的返乡行为及其就业分化研究》，《农业经济问题》2017年第2期。

邢蕊、周建林、王国红：《创业团队知识异质性与创业绩效关系的实证研究——基于认知复杂性和知识基础的调节作用》，《预测》2017年第9期。

熊翅新、习佳遥、滕玉华、付莲莲：《政策认知、政策力度与农户清洁能源应用政策满意度研究——基于江西省 695 个农户调查数据》，《农林经济管理学报》2018 年第 3 期。

徐辉、陈芳：《公共支持政策对新生代农民工创业绩效影响评价及其影响因素分析》，《农村经济》2015 年第 8 期。

徐金海、蒋乃华、秦伟伟：《农民农业科技培训服务需求意愿及绩效的实证研究：以江苏省为例》，《农业经济问题》2011 年第 12 期。

徐卫：《新生代农民工职业培训研究》，博士学位论文，武汉大学，2014。

许晟、邵云云、徐梅珍等：《政府支持、家庭支持对新生代农民创业行为的影响机制研究》，《农林经济管理学报》2020 年第 2 期。

杨静、王重鸣：《创业机会研究前沿探析》，《外国经济与管理》2012 年第 5 期。

杨晓军、陈浩：《城市农民工技能培训意愿的影响因素分析》，《中国农村经济》2008 年第 11 期。

杨艳红、熊刚、戴烽：《试析金融危机下农民工培训的系统性管理》，《江西社会科学》2009 年第 8 期。

杨旸：《乡村人才是乡村振兴的重要力量》，《人民论坛》2021 年第 16 期。

余绍忠：《创业绩效研究述评》，《外国经济与管理》2013 年第 2 期。

郁义鸿：《多元产业结构转变与经济发展——一种理论框

架》，复旦大学出版社，2000。

袁明达、朱敏：《民族地区返乡农民工创业意愿影响因素分析——基于湖南西部的调查数据》，《中国劳动》2015年第24期。

曾亿武、陈永富、郭红东：《先前经验、社会资本与农户电商采纳行为》，《农业技术经济》2019年第3期。

张斌、孔欣悦、但雅：《人力资本、种植结构与粮食安全——基于全国31个省（区、市）3073个家庭农场的调查数据》，《河南师范大学学报》（哲学社会科学版）2021年第4期。

张立新、段慧昱、戚晓妮：《创业环境对返乡农民工创业意愿的影响》，《农业经济与管理》2019年第1期。

张立新、林令臻、孙凯丽：《农民工返乡创业意愿影响因素研究》，《华南农业大学学报》（社会科学版）2016年第5期。

张伶、何建华：《培训系统与农民工职业培训绩效关系的实证研究》，《经济管理》2011年第11期。

张其仔：《马克思主义的劳动价值论和我国私营经济的发展》，《中共福建省委党校学报》2002年第1期。

张若瑾：《创业补贴、小额创业贷款政策对回流农民工创业意愿激励实效比较研究——一个双边界询价的实证分析》，《农业技术经济》2018年第2期。

张思敏、薛永基、冯潇：《创业态度、创业环境影响农民创业行为的机理研究——基于结构方程模型的农民创业调查分析》，《调研世界》2018年第7期。

张鑫、谢家智、张明：《打工经历、社会资本与农民初创企业绩效》，《软科学》2015年第4期。

张秀娥、张峥、刘洋：《返乡农民工创业动机及激励因素分析》，《经济纵横》2010年第6期。

张银、李燕萍：《农民人力资本、农民学习及其绩效实证研究》，《管理世界》2010年第2期。

赵德昭：《农民工返乡创业绩效的影响因素研究》，《经济学家》2016年第7期。

赵浩兴、张巧文：《返乡创业农民工人力资本与创业企业成长关系研究——基于江西、贵州两省的实证分析》，《华东经济管理》2013年第1期。

赵联飞：《新时期开展农民工返乡创业促进城乡融合发展刍议》，《江淮论坛》2021年第3期。

赵曙明：《人力资源管理研究》，中国人民大学出版社，2001。

赵树凯：《农民工培训的绩效挑战》，《华中师范大学学报》（人文社会科学版）2011年第2期。

赵延东、罗家德：《如何测量社会资本：一个经验研究综述》，《国外社会科学》2005年第2期。

赵正洲、韩成英、吕建兴：《返乡农民工参与职业技能培训的影响因素分析——基于河南尧湖北尧湖南3省35个市渊县冤的调查》，《教育与经济》2012年第4期。

郑军：《农民参与创业培训意愿影响因素的实证分析——基于对山东省的调查》，《中国农村观察》2013年第5期。

郑山水：《强弱关系、创业学习与农民工返乡创业绩效》，《西部论坛》2017年第3期。

郑秀芝、邱乐志、张益丰：《农民创业绩效影响因素分析和实证检验》,《统计与决策》2019 年第 15 期。

郑真真:《中国流动人口变迁及政策启示》,《中国人口科学》2013 年第 10 期。

钟小斌:《农业创业培训供需均衡实证及其政策原因解析——以武汉市为例》,硕士学位论文,中南民族大学,2014。

周广肃、谭华清、李力行:《外出务工经历有益于返乡农民工创业吗?》,《经济学》(季刊)2017 年第 2 期。

周菁华:《农民创业绩效的影响因素分析——基于 366 个创业农民的调查数据》,《江西财经大学学报》2013 年第 3 期。

周小虎、姜凤、陈莹:《企业家创业认知的积极情绪理论》,《中国工业经济》2014 年第 8 期。

朱冬梅、黎赞:《发达国家农民工教育培训的经验及启示》,《成都师范学院学报》2014 年第 10 期。

朱冬梅、赵文多:《欠发达地区农民工教育培训问题及对策——以四川为例》,《继续教育研究》2014 年第 11 期。

朱红根、陈昭玖、张月水:《农民工返乡创业政策满意度影响因素分析》,《商业研究》2011 年第 2 期。

朱红根、江慧珍、康兰媛:《创业环境对农民创业绩效的影响——基于 DEA-Tobit 模型的实证分析》,《商业研究》2015 年第 3 期。

朱红根、解春艳:《农民工返乡创业企业绩效的影响因素分析》,《中国农村经济》2012 年第 4 期。

朱红根、康兰媛:《家庭资本禀赋与农民创业绩效实证分析》,《商业研究》2016 年第 7 期。

朱红根、梁曦:《农民创业动机及其对农民创业绩效影响分析》,《农林经济管理学报》2017年第5期。

朱红根、刘磊、康兰媛:《创业环境对农民创业绩效的影响研究》,《农业经济与管理》2015年第1期。

朱红根:《政策资源获取对农民工返乡创业绩效的影响——基于江西调查数据》,《财贸研究》2012年第1期。

朱奇彪、米松华、黄莉莉、杨良山、陆益:《新型职业农民培训的绩效评估与分析——基于浙江省农村中高级"两创"人才培训的调查》,《江苏农业科学》2014年第2期。

朱秀梅、费宇鹏:《关系特征、资源获取与初创企业绩效关系实证研究》,《南开管理评论》2010年第3期。

朱舟:《人力资本投资的成本收益分析》,上海财经大学出版社,1999。

左莉、周建林:《认知柔性、创业拼凑与新企业绩效的关系研究——基于环境动态性的调节作用》,《预测》2017年第2期。

二 外文文献

Adeyanju, D., Mburu, J., Mignouna, D., "Youth Agricultural Entrepreneurship: Assessing the Impact of Agricultural Training Programmes on Performance." *Sustainability*, 2021, 13 (4): 1-11.

Aldrich, H. E., Martinez, M. A., "Many Are Called, But Few Are Chosen: An Evolutionary Perspective for the Study of Entrepreneurship." *Entrepreneurship Theory and Practice*, 2001, 25 (4): 41-56.

Arthur, W., Bennett, W., Edens, P. S., et al., "Effectiveness of Training in Organizations: A Meta-Analysis of Design and Evaluation Features." *Journal of Applied Psychology*, 2003, 88 (2): 234-245.

Bandura, A., *Social Foundations of Thought and Action: A Social Cognitive Theory*. Upper Saddle River: Prentice Hall, 1985.

Barney, J. B., "Firm Resources and Sustained Competitive Advantage." *Advances in Strategic Management*, 1991, 17: 3-10.

Blanchflower, D. G., "Self-Employment in OECD Countries." *Labour Economics*, 2000, 7 (5): 471-505.

Brüderl, J., Preisendörfer, P., Ziegler, R., "Survival Chances of Newly Founded Business Organizations." *American Sociological Review*, 1992, 72: 227-242.

Cai, X., Lu, Y., Wu, M., et al., "Does Environmental Regulation Drive away Inbound Foreign Direct Investment? Evidence from a Quasi-Natural Experiment in China." *Journal of Development Economics*, 2016, 123 (8): 73-85.

Chandler, G. N., Hanks, S. H., "Market Attractiveness, Resource-Based Capabilities, Venture Strategies, and Venture Performance." *Journal of Business Venturing*, 1994, 9: 331-349.

Collins, J., Shackelford, D., Wahlen, J., "Bank Differences in the Coordination of Regulatory Capital, Earnings and Taxes." *Journal of Accounting Research*, 1995, 33 (2): 263-291.

Cooper, A. C., Gimeno-Gascon, F., Carolyn, Y. W., "Initial

Human and Financial Capital as Predictors of New Venture Performance. "
Journal of Business Venturing, 1994, 9 (5): 371-395.

Covin, J. G., Slevin, D. P., " A Conceptual Model of
Entrepreneurship as Firm Behavior. " *Entrepreneurship Theory and
Practice*, 1991, 16 (1): 7-26.

Delacroix, J., Carroll, G. R., " Organizational Foundings: An
Ecological Study of the Newspaper Industries of Argentina and
Ireland. " *Administrative Science Quarterly*, 1983: 274-291.

Dobbin, F., Campbell, J. L., Hollingsworth, J. R., et al.,
"Governance of the American Economy. " *Contemporary Sociology*,
1991, 21: 513.

Figueroa-Armijos, M., Dabson, B., Johnson, T. G., " Rural
Entrepreneurship in a Time of Recession. " *Entrepreneurship Research
Journal*, 2012, 2 (1): 3.

Folmer, H., Dutta, S., " Determinants of Rural Industrial
Entrepreneurship of Farmers in West Bengal: A Structural Equations
Approach. " *International Regional Science Review*, 2010, 33:
367-396.

Folmer, H., " Why Sociology Is Better Conditioned to Explain
Economic Behaviour Than Economics. " *Kyklos*, 2010, 62 (2):
258-274.

Fonseca, R., Lopez-Garcia, P., Pissarides, C. A., "Entrepre-
neurship, Start-Up Costs and Employment. " *European Economic Re-
view*, 2001, 45 (4-6): 692-705.

Fortunato, P., Razo, C., "Export Sophistication, Growth and the Middle-Income Trap." *Transforming Economies—Making Industrial Policy Work for Growth, Jobs and Development*, 2014: 267-287.

Garter, N. M., Gartner, W. B., Reynolds, P. D., "Reynolds Exploring Start-up Event Sequences." *Journal of Business Venturing*, 1996, 11 (3): 151-166.

Gartner, W. B., "A Conceptual Framework for Describing the Phenomenon of New Venture Creation." *Academy of Management Review*, 1985, 410: 695-705.

Gnyawali, D. R., Fogel, D. S., "Environments for Entrepreneurship Development: Key Dimensions and Research Implications." *Entrepreneurship Theory and Practice*, 1994, 18: 43-62.

Granovetter, M., "Economic Action and Social Structure: The Problem of Embeddedness." *American Journal of Sociology*, 1985, 91: 481-510.

Hawkins, D. I., "New Business Entrepreneurship in the Japanese Economy." *Journal of Business Venturing*, 1993 (2): 137-150.

Heirman, A., Clarysse, B., "How and Why Do Research-Based Start-Ups Differ at Founding? A Resource-Based Configurational Perspective." *Journal of Technology Transfer*, 2004, 29: 247-268.

Hildenbrand, B., Hennon, C. B., "Beyond the Concept of 'Getting Big or Getting Out': Entrepreneurship Strategies to Survive as a Farm Family." *International Journal of Entrepreneurship & Small Business*, 2008, 1: 479-495.

Holt, D. H., *Entrepreneurship: New Venture Creation.* New Jersey: Prentice Hall, 1992.

Jensen, S. M., Luthans, F., "Relationship between Entrepreneurs' Psychological Capital and Their Authentic Leadership. " *Journal of Managerial Issues*, 2006, 18: 254-273.

Katz, J., Gartner, W. B., "Properties of Emerging Organizations. " The *Academy of Management Review*, 1988, 13 (3): 429-441.

Kirzner, I. M., *Competition and Entrepreneurship.* University Of Chicago Press, 1978.

Kirzner, I. M., *How Markets Work.* Coronet Books Inc, 2008.

Knight, G. A., Kotabe, M., "Entrepreneurship and Strategy in the International SME. " *Journal of International Management*, 2001, 7 (3): 155-171.

Lerner, M., Brush, C., Hisrich, R., "Israeli Women Entrepreneurs: An Examination of Factors Affecting Performance. " *Journal of Business Venturing*, 1997, 12: 315-339.

Low, M. B., MacMillan, I. C., "Entrepreneurship: Past Research and Future Challenges. " *Journal of Management*, 1988, 14 (2): 139-161.

Marvel, M. R., Lumpkin, G. T., "Technology Entrepreneurs' Human Capital and Its Effects on Innovation Radicalness. " *Entrepreneurship Theory and Practice*, 2007, 31 (6): 807-828.

Miller, D., Friesen, P. H., "Archetypes of Strategy Formulation. " *Management Science*, 1978, 24 (9): 921-933.

Millns, J., Juhasz, J., "Promoting Farmer Entrepreneurship through Producer Organizations in Central and Eastern Europe." Political Science, 2006.

Mitchell, M., Pedersen, L. H., Pulvino, T., "Slow Moving Capital." *Social Science Electronic Publishing*, 2007, 97 (2): 215–220.

Morgan, S. L., Marsden, T., Miele, M., Morley, A., "Agricultural Multifunctionality and Farmers` Entrepreneurial Skills: A Study of Tuscan and Welsh Farmers." *Journal of Rural Studies*, 2020, 26 (2): 116–129.

Morris, D. W., "Toward an Ecological Synthesis: A Case for Habitat Selection." *Oecologia*, 2003, 136 (1): 1–13.

Moyes, A., Westhead, P., "Environments for New Firm Formation in Great Britain." *Regional Studies*, 1990, 24 (2): 123–136.

Noe, R. A., Schmitt, N., "The Influence of Trainee Attitudes on Training Effectiveness: Test of a Model." *Personnel Psychology*, 1986, 39: 497–523.

Oh, S. H., Ha, K. S., "Effects on Entrepreneurial Intention by Start-Up Environment and Self-Efficacy Mediated by Fear of Business Failure." *Journal of Digital Convergence*, 2013, 11: 143–157.

Palmer, R. E., Verner, C. A., "Comparison of Three Instruction Techniques." *Adult Education Quarterly*, 1959, 9: 232–238.

Penrose, E. T., *The Theory of the Growth of the Firm*. Oxford

University Press.

Portes, A., "Social Capital: Its Origins and Applications in Modern Sociology." *Annual Review of Sociology*, 1998, 24: 1-24.

Premaratne, S. P., "Entrepreneurial Networks and Small Business Development: The Case of Small Enterprises in Sri Lanka." Eindhoven: Technische Universiteit Eindhoven, 2002.

Priyanto, T., "The Journey of TelKom in Operating Communications Satellites to Serve the Indonesian Archipelago." *Online Journal of Space Communication*, 2005, 8: 1-10.

Romanelli, E., "Environments and Strategies of Organization Start-Up: Effects on Early Survival." *Administrative Science Quarterly*, 1989: 369-387.

Rosenbaum, P. R., Rubin, D. B., "The Central Role of the Propensity Score in Observational Studies for Causal Effects." *Biometrika*, 1983, 70 (1): 41-55.

Sandberg, W. R., Hofer, C. W., "Improving New Venture Performance: The Role of Strategy, Industry Structure, and the Entrepreneur." *Journal of Business Venturing*, 1987, 2: 5-28.

Schultz, T. W., *Transforming Traditional Agriculture*. New Haven: Yale University Press, 1964.

Seuneke, P., Lans, T., Wiskerke, J. S. C., "Moving beyond Entrepreneurial Skills: Key Factors Driving Entrepreurial Learning in Multifunctional Agriculture." *Journal of Rural Studies*, 2013, 32: 208-219.

Shane, S., "Prior Knowledge and the Discovery of Entrepreneurial Opportunities." *Organization Science*, 2000, 11 (4): 448-469.

Specht, P. H., "Munificence and Carrying Capacity of the Environment and Organization Formation." *Entrepreneurship Theory and Practice*, 1993, 17 (2): 77-86.

Sternberg, R. J., "Successful Intelligence as a Basis for Entrepreneurship." *Journal of Business Venturing*, 2004, 19: 189-201.

Tziner, A., Haccoun, R. R., Kadish, A., "Personal and Situational Characteristics Influencing the Effectiveness of Transfer of Training Improvement Strategies." *Journal of Occupational Psychology*, 2011, 64 (2): 167-177.

Ulrich, D., Barney, J. B., "Perspectives in Organizations: Resource Dependence, Efficiency, and Population." *The Academy of Management Review*, 1984, 9 (3): 471-481.

Venkataraman, S. V., "The Distinctive Domain of Entrepreneurship Research: An Editor's Perspective. " *Advances in Entrepreneurship, Firm Emergence, and Growth*, 1997: 119-138.

Wickham, P. A., *Strategic Entrepreneurship.* N. Y. : Pitman Publishing.

Winter, S. G., "The Satisfying Principle in Capability Learning." *Strategic Management Journal*, 2000, 21 (10/11): 981-996.

Woodward, W. J., *A Social Network Theory of Entrepreneurship: An Empirical Study.* The University of North Carolina at Chapel Hill, 1988.

图书在版编目（CIP）数据

返乡农民工创业培训扶持政策绩效研究／方鸣著
. -- 北京：社会科学文献出版社，2023.8
ISBN 978-7-5228-2294-5

Ⅰ.①返…　Ⅱ.①方…　Ⅲ.①民工-创业-就业政策
-研究-中国　Ⅳ.①F249.214②D669.2

中国国家版本馆 CIP 数据核字（2023）第 152492 号

返乡农民工创业培训扶持政策绩效研究

著　　者／方　鸣

出 版 人／冀祥德
责任编辑／吕霞云
文稿编辑／王红平
责任印制／王京美

出　　版／社会科学文献出版社（010）59367126
　　　　　　地址：北京市北三环中路甲 29 号院华龙大厦　邮编：100029
　　　　　　网址：www.ssap.com.cn
发　　行／社会科学文献出版社（010）59367028
印　　装／三河市龙林印务有限公司

规　　格／开　本：787mm×1092mm　1/16
　　　　　　印　张：13.5　字　数：150 千字
版　　次／2023 年 8 月第 1 版　2023 年 8 月第 1 次印刷
书　　号／ISBN 978-7-5228-2294-5
定　　价／89.00 元

读者服务电话：4008918866